Rutas para atravesar una infidelidad

Colección Recupera tu brújula emocional

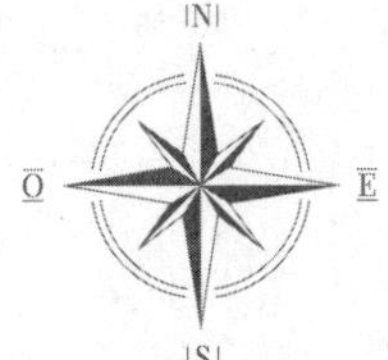

TERE DÍAZ SENDRA

Rutas para atravesar una infidelidad

Qué la provoca y cómo podemos seguir

DIANA

Diseño de portada: Planeta Arte & Diseño / Stephanie Iraís Landa Cruz
Imagen de portada: © Getty Images
Formación: Baya de oro

Bajo el sello editorial DIANA M.R.
Avenida Presidente Masaryk núm. 111,
Piso 2, Polanco V Sección, Miguel Hidalgo
C.P. 11560, Ciudad de México
www.planetadelibros.com.mx

Primera edición impresa en México en esta presentación: abril de 2026
ISBN: 978-607-39-3696-5

Impreso en los talleres de Corporación en Servicios
Integrales de Asesoría Profesional, S.A. de C.V.,
Calle E # 6, Parque Industrial
Puebla 2000, C.P. 72225, Puebla, Pue.
Impreso y hecho en México / *Printed in Mexico*

ÍNDICE

PRÓLOGO

Son muchos los años que llevo explorando –en distintos medios, de diversas formas y con muchos especialistas– el universo del amor y de la pareja, y sin duda uno de los temas que aparece recurrentemente y de manera insidiosa entre los amantes es el tema de la infidelidad.

He escuchado muchas recetas para prevenirla, me han contado mil tips para recuperarse de ella y conozco muchos casos de desastre inmanejable donde ni la prevención fue posible ni la recuperación suficiente. A pesar de ello, no dejan de sorprenderme, enojarme y apachurrarme el corazón los efectos que genera una traición.

Además, me sorprende ver que, por un lado, el dolor que produce el descubrimiento de una infidelidad es generalmente inconmensurable para quien se sabe traicionado mientras que, por el otro, la experiencia erótica del secreto es contradictoriamente un deleite (a veces poco culposo) para quien, después de ser descubierto en el engaño, le toca sentarse en el banquillo de los acusados.

Conozco a Tere tras varios años de compartir espacios en la radio, charlas de pasillo, *whatsapps* a media noche y varias comidas y sobremesas con «té, chocolate y café». Siempre me ha llamado la atención su manera de mirar problemas ordinarios de manera poco ordinaria, y en esta línea –y sobre todo después de leer este nuevo libro suyo: *Rutas para atravesar una infidelidad*– me atrevo a afirmar que «La infidelidad no es como la pintan».

Acostumbrados a ver la infidelidad como un problema causado por el típico «No tenemos sexo como le gusta», con el efecto de «Por eso me busqué un amante», difícilmente nos adentramos en la complejidad de la vida de pareja y en las contradicciones que se viven cuando surge en la relación amorosa una traición.

Tere Díaz en este libro desentraña los distintos matices, las diversas motivaciones, las muchas contradicciones y las soluciones posibles cuando la infidelidad visita nuestra pareja. No solo eso, incluye en su estudio la experiencia de sufrimiento de quien la padece, la ambivalencia y la culpa de quien la comete y la posición del tercero en discordia, siempre maldecido y olvidado como sujeto de consideración.

La lectura es obligada para todos aquellos que buscamos una buena vida de pareja, para todos los que estamos dispuestos a ponernos nuevos lentes y entender los dilemas del amor, para todos los que queremos ampliar la perspectiva en torno a un acontecimiento a veces tan temido y en ocasiones tan deseado, para todos los que, como yo, se resisten a pensar en que perdonar algo así sea posible, es decir, para casi todos…

MARTHA DEBAYLE

INTRODUCCIÓN

El amor heterosexual monógamo probablemente sea una de las relaciones humanas más difíciles, complejas y exigentes.

MARGARET MEAD

Seré sincera: a pesar de toda su mala fama, las infidelidades son muy frecuentes.

Quienes atraviesan este territorio de relaciones extraconyugales se enfrentan a la reprobación social, y a todos los posibles riesgos y dolores que pueden acarrear sus acciones. Pero no migran de ahí aun cuando experimenten cierto sentido del deber, o miedo a ser descubiertos, ni mucho menos porque alguien les diga que no hay que jugar con fuego.

Más bien parece que la dimensión erótica, el vínculo que se crea entre los amantes, lo ilícito y apasionado de los encuentros conlleva un goce –que desde luego incluye el aspecto sexual, pero va más allá– que no se parece en nada a cualquier otro placer mundano.

Para bien o para mal, la mayoría ha tenido algo que ver con el tema de la infidelidad: como hijos de padres infieles, como amantes de alguien casado, como cómplices de una amiga o amigo, como traidores de un matrimonio de cuento de hadas, como tercero en discordia, como quien ha sido traicionado, como testigos del drama de los vecinos de la otra cuadra, o bien como profesionales en atención del tema. En cualquiera de estas posiciones –con mayor o menor grado de implicación– hemos tenido que evadir o enfrentar los dilemas emocionales, sociales y en ocasiones físicos –desde una gastritis hasta un infarto– derivados del asunto.

El tema resulta ajeno para pocos. Y si bien siempre se maneja como algo secreto, silenciado y prohibido en la vida de las personas, puede ser ineludible acercarnos a él; bien sea por mera curiosidad, por cultura general o como exigencia de una experiencia existencial.

Con frecuencia la infidelidad se aborda desde una perspectiva simplista, moralista y lineal que supone que en toda aventura hay villanos y víctimas, la cual a su vez muchas veces se basa en ideas un tanto puritanas y limitadas sobre la sexualidad que la consideran sucia, vulgar o animal. Las personas muy religiosas o con una perspectiva en extremo convencional, e incluso quienes en principio tienen una actitud más abierta, suelen vivir los conflictos amorosos como un tabú. Para mucha gente las infidelidades son inadmisibles y entran en la categoría de pecado e inmoralidad y constituyen una amenaza a la estabilidad y el bienestar de una pareja y al orden social. De ahí la tarea titánica de combatirlas, denunciarlas e impedirlas.

Un hombre infiel es percibido como un adúltero, mentiroso, destructor de hogares, mujeriego sin valores, ¡y ya ni se diga una mujer adúltera! Tradicionalmente se le ha adjudicado la función social –sin su consentimiento– de ser estandarte del amor y del cuidado al prójimo. En un sistema patriarcal, ese modelo jerárquico que estipula la superioridad masculina y la sumisión femenina, lo que al hombre se le condona (e inclusive se le aplaude) en la mujer resulta condenable, censurable.

Debería alarmarnos que algunas conductas que implican abuso económico, verbal, psicológico, emocional y social, e incluso el extremo de llegar a la violencia física, generen menos perturbación que una infidelidad. Pareciera que, tanto para la sociedad como para algunas parejas, es más fácil normalizar y justificar este tipo de actos que pasar por alto una traición.

Sin embargo, el hecho de guardar una orgullosa y eterna fidelidad no necesariamente es una virtud, como tampoco el no haber vivido nunca un amorío puede experimentarse en sentido estricto como una bendición. Algunas personas que han experimentado relaciones extramaritales afirman que dichas relaciones les ayudaron a expandir ciertos límites de su conciencia y hasta a escudriñar rincones desconocidos a los que no habrían podido acceder de ninguna otra manera.

Con todo y los conflictos que conlleva una aventura, quienes participan en una sienten que sus posibles ventajas –aumento de la autoestima, ayuda en momentos de transición, compensar la falta de comprensión de su pareja, confirmar su atractivo sexual, acompañamiento sensible y cuidadoso del amante, oportunidad de crecimiento y expansión, o una alternativa para salir de la rutina de una relación desgastada– son superiores a los costos, los riesgos y los sufrimientos que puede acarrear. Es más, una vez terminada la experiencia, son pocos quienes, sin presión de su pareja o del entorno social, niegan arrepentidos los beneficios que pudo traerles la infidelidad.

No quiero afirmar que un amorío sea necesariamente mejor que una relación matrimonial estable, ni que un encuentro fortuito puede superar los beneficios de una relación comprometida. Cada uno de ellos tiene, evidentemente, sus ventajas, desventajas, dificultades y encanto. Sin embargo, todo indica que un amorío suele despertar un interés peculiar, quizá derivado de la satisfacción inmediata o de la novedad.

Las aventuras también tienen algo de cumplimiento de tareas psicológicas pendientes, posiblemente propias de etapas de desarrollo previas, como son: la afirmación sexual, la confirmación del atractivo físico, la diferenciación de las figuras de autoridad; y quizás, en la base, es una respuesta a la contradicción inherente entre la emoción de vivir el erotismo y la rutina de lo doméstico. Muchas personas tienen la capacidad de sentirse atraídas por alguien, enamoradas de otro y apegadas amorosamente a alguien más. El amor humano es complejo, ambivalente y contradictorio. Y si bien no justifico ni avalo las infidelidades, sí quiero ampliar la perspectiva de las mismas, ya que hay relaciones que duran –siendo bastante pobres o violentas– en las que no han existido infidelidades y hay relaciones que rompen por una extraconyugalidad sin haberse dado la oportunidad, aun existiendo las condiciones, para remontar la situación.

Quedarnos con una perspectiva estrecha con respecto a los affaires, las aventuras de una noche o a largo plazo y las relaciones abiertas, impide explorar preguntas esenciales que permitan reflexionar sobre las motivaciones de estas conductas, los factores o el contexto en que se dan, las características de la vida actual que las facilitan y muchos otros elementos que intervienen para que se consuman, se repitan, se anhelen y en ocasiones se busquen con frenesí.

Este libro invita a quienes decidan vivir este tipo de experiencias a utilizar la información y las reflexiones que contiene para, si es el caso, tener aventuras más conscientes, integrales, productivas, cuidadosas, y con menos efectos perjudiciales para ellos, para sus hijos (si los tienen), para su amante y para su relación estable o principal, sea o no un matrimonio formal. ¿Quién son yo para prohibir, juzgar, señalar y combatir a capa y espada una conducta que parece convertirse en una experiencia *sine qua non* de muchas personas?

La especie humana no se caracteriza por la monogamia. La infidelidad es tan antigua como el matrimonio y la humanidad misma. Sin embargo, la investigación sobre esta práctica es relativamente reciente. Los primeros estudios se centraron en el trauma y la traición; en épocas más recientes, se ha buscado tomar en cuenta los dilemas humanos individuales, las vicisitudes de cada pareja y las características, creencias e historias de su contexto social.

Una de las conclusiones más valiosas es que no todas las infidelidades obedecen a una patología, disfunción, problema, maldad, error de juicio o inmadurez. Y, aun cuando hay infidelidades abusivas, incluso patológicas, estas no son la constante. Por el contrario, muchas experiencias de este tipo terminan siendo una forma de sublimar fantasías inalcanzables, la confrontación de creencias arcaicas, la liberación de conductas represivas, o bien, un clavado a las profundidades de la autonomía dentro de una experiencia de intensa vitalidad.

ENTENDER SIN JUZGAR

¿De qué forma se puede explicar que muchos de los que incursionan en aventuras aseguren que eso nada tiene que ver con fallas de su pareja? ¿Cómo es que un alto porcentaje de personas infieles ama a sus parejas y no desea terminar esa relación? ¿Cuál es el parámetro para distinguir una patanería abusiva de un dilema amoroso complejo? ¿Cómo se transforma la persona que ha corrido el riesgo de vivir una infidelidad? ¿De qué forma se rescata una relación de pareja tras la crisis que desata una aventura? ¿Existen modelos amorosos que replanteen el tema desde una perspectiva menos punitiva?

De ninguna manera puede afirmarse que todos los que sostienen relaciones sexuales fuera de su pareja principal están enfermos, errados o son inmorales. Las estadísticas sugieren que, pese a que la mayoría de las parejas siguen uniéndose con el acuerdo tácito o expreso de ser fieles el uno al otro, la realidad contradice las buenas intenciones: queremos ser fieles, pero no siempre lo conseguimos; pedimos fidelidad, pero no siempre la brindamos; y, como máxima expresión de incongruencia, somos permisivos con nuestros propios deslices mientras nos portamos intransigentes con los de la pareja.

Las aventuras amorosas son más comunes de lo que se cree: una de cada dos mujeres casadas y tres de cada cuatro hombres casados han sido infieles alguna vez en su vida. Del mismo modo, poco más de la mitad de las personas que conviven en otros acuerdos amorosos, diferentes del matrimonio monógamo heterosexual, ha sido infieles a su pareja principal.

Es cierto: una infidelidad puede ser la puerta de salida a una relación caduca, y también puede ser una manifestación de abuso desde una posición de poder, pero muchas veces estas conductas tienen que ver más bien con asuntos personales inconclusos y no necesariamente con conflictos de pareja. En no raras ocasiones son salidas a periodos de estrés mal gestionados, y, en muchas otras, son expresión de que el deseo no se casa con nadie y de que no existe una persona que por sí sola pueda colmar todos los sueños, anhelos y necesidades que se pretende cubrir con la pareja.

Si bien es verdad que los conflictos conyugales son inevitables, también lo es que abren la puerta a un sinfín de cuestionamientos, demonios y deseos propios de la condición humana. No somos ángeles ni seres sobrenaturales. Como seres humanos, aun cuando nos comprometemos con personas con las que nos sentimos compatibles, afines, y con quienes compartimos un estilo y un proyecto de vida, el deseo es polimorfo. Al deseo no le gustan las trabas. Nosotros nos comprometemos con la persona a la que amamos, pero el deseo no se compromete con nadie.

Somos seres contradictorios, ambivalentes y, en muchos sentidos, incongruentes, en particular en lo que concierne al amor: queremos esto, pero también aquello; deseamos conservar un buen amor, pero sin limitarnos solo a esa persona. En este torbellino de pasiones y sentimientos –y evitando justificaciones que desemboquen en permisividad y autoindulgencia, unilateralmente conveniente y acaso abusiva–, los temas amorosos nos obligan a considerar la gestión ética del deseo como piedra angular de la madurez humana, y con ella del cuidado propio y el de los demás.

PARA HABLAR DE INFIDELIDAD

A lo largo de este libro exploro las condiciones de la vida en pareja en el siglo XXI, la distinción entre el amor y el deseo, la medular diferencia entre la fidelidad y la exclusividad sexual, la debatida cuestión de la monogamia, la exploración del territorio del amor y los diversos modelos amorosos que se despliegan a partir de experimentar la compatibilidad sexual, el enamoramiento y el amor.

Desde luego, también abordo el dolor que inevitablemente produce descubrir una infidelidad. A partir de ahí, propongo un camino para recuperarse de esta, en ocasiones, traumática experiencia, y brindo a los lectores elementos para la reflexión, con la intención de ayudarles a tomar la gran decisión: ¿continuar con la relación de pareja o terminar tras la crisis derivada del engaño revelado? Sí, hay infidelidades abusivas, tóxicas e innecesarias, pero también otras que, en medio del dolor, pueden propiciar renovación y el crecimiento en la vida de la pareja.

En el **capítulo 1** reviso los paradigmas actuales de las relaciones humanas. Si bien la infidelidad es un tema antiguo, los cambios sociales recientes, los avances tecnocientíficos y la celeridad de las comunicaciones han abierto las puertas a nuevos dilemas amorosos que facilitan y quizás hasta promueven la experiencia de la infidelidad.

En el **capítulo 2** explico las posibles motivaciones de una infidelidad y de sus diversas facetas, al tiempo que analizo qué significa, implica y representa en términos emocionales y sexuales.

En el **capítulo 3** distingo sexualidad, erotismo, enamoramiento y amor; y hablo de las diferencias entre la lógica del amor y la lógica de la relación comprometida. Explico cómo, desde un punto de vista antropológico, los vínculos de pareja surgen sobre el sustrato de la sexualidad, y la forma en que el tiempo y la cultura los han estilizado, depurado y consolidado. También hablaré del deseo como motor del comportamiento humano, y de su adecuada gestión como requisito para alcanzar la madurez.

En el **capítulo 4** me adentro en el polémico tema de la monogamia. Saber distinguir entre fidelidad y exclusividad sexual es fundamental en el mundo del amor. Desbancar las creencias sobre lo que es parte de nuestra biología y lo que ha sido determinado por la sociedad y la cultura es fundamental para dimensionar el tema de la monogamia como estandarte de las buenas o malas prácticas en la vida de pareja.

En el **capítulo 5** abordo el escabroso tema de los celos. Reviso en qué consiste la experiencia de la celotipia y algunos factores para detectar las personalidades más propensas a esa conducta. Esto ayudará a entender las reacciones —fundadas o infundadas— de ciertas personas ante los celos y a descubrir las formas de lidiar con ellas.

El **capítulo 6** permitirá al lector reconocer a cada uno de los integrantes del triángulo amoroso: «víctima», «villano» y «tercero en discordia». Y también las emociones, costos, transiciones y retos alrededor de la infidelidad.

En el **capítulo 7** hablo de manera pragmática sobre el manejo de una infidelidad descubierta: cómo salir del caos inicial, qué hacer y decir para recuperarse de esta experiencia, cómo centrarse en trabajar —o terminar— la relación y qué hacer para recuperar la confianza en caso de querer continuar con la relación. El tema del perdón es central: sea que se decida seguir o no con la relación de pareja, perdonar es una tarea básica para sanar el trauma, comprender la experiencia y salir adelante.

El **capítulo 8** ofrece una guía para reflexionar si vale la pena continuar o terminar con la relación de pareja. No siempre es necesario terminar una relación por una infidelidad, pero tampoco se puede remontar siempre una experiencia así. Hay claros indicadores de cuándo vale la pena conservar un vínculo amoroso y de cuándo este vínculo ha llegado a su fin.

En el **capítulo 9** abordo la infidelidad con perspectiva de género. No es lo mismo ser un hombre infiel que ser una mujer infiel. En una sociedad misógina, lo que en el hombre se disculpa o incluso se alienta o admira, en la mujer se condena con severidad. Hacer distinciones entre sexo y género, y reconocer las inequidades entre hombres y mujeres, tanto en la vida en general como en el amor en particular, ayuda a integrar elementos que enriquezcan la comprensión de las infidelidades.

En el **capítulo 10** hablaremos de los nuevos modelos amorosos. No todos estamos hechos para el matrimonio heterosexual con hijos y convivencia en la misma casa, y desde luego no todos lo deseamos. Disociar la sexualidad, la autonomía, el amor y la reproducción –que antes solo era admisible dentro del matrimonio– abre la puerta a múltiples acuerdos amorosos y familiares posibles, basados en las necesidades, intereses, contextos y valores de las personas que los suscriben. El amor está en transición, por fortuna, pues un solo modelo no basta para todas las personas.

En el **capítulo 11** describo temas que nutren y complementan el estudio de la infidelidad y su adecuado manejo: el derecho a la privacidad, la compulsión a la verdad en detrimento del cuidado, las distinciones entre crecimiento genuino y autoindulgencia, y otros asuntos con implicaciones éticas.

Por último, refuerzo conceptos analizados en el libro, reiterando las premisas de un buen amor y las estrategias más certeras para construirlo y preservarlo. La seducción es un camino para el encuentro renovado y gozoso: en el territorio del juego y de la danza amorosa, funciona infinitamente mejor que el control, la dependencia y la amenaza. Seducir es invitar al otro a ser parte de mi mundo y formar parte del suyo, sin coartar su libertad ni suprimir mis deseos.

La infidelidad, con todo el drama que representa, es una realidad. Siempre ha existido y no dejará de existir, ahora menos que nunca. ¿Podremos entenderla desde una perspectiva diferente? ¿Seremos capaces de vivirla de una forma responsable y menos catastrófica? ¿Querremos dar cabida a una sociedad menos incongruente que abra paso a gestiones más humanas, responsables y realistas respecto del erotismo y el amor?

Si bien el valor social, cultural e incluso moral que se da a una infidelidad varía según el contexto en que se presenta, así como en función de los acuerdos de la pareja a lo largo de la relación, los efectos tienden a ser devastadores para todos los involucrados y traen consigo la pérdida de la confianza y un sentimiento de traición. ¿Cómo entender estas consecuencias, tomando en cuenta que la monogamia es más un mito que una realidad de la naturaleza humana?

Y es que, lo sepamos o no, lo queramos o no, lo aceptemos o no, el cuerpo y el corazón humano dan «para mucho más que dos».

CAPÍTULO 1

EL MUNDO EN EL QUE NOS TOCÓ VIVIR

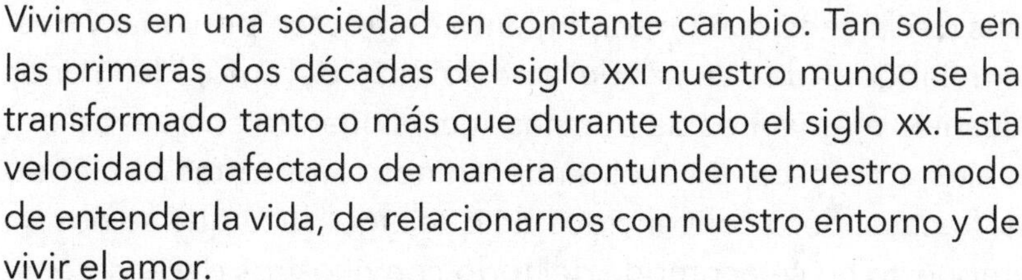

Vivimos en una sociedad en constante cambio. Tan solo en las primeras dos décadas del siglo XXI nuestro mundo se ha transformado tanto o más que durante todo el siglo XX. Esta velocidad ha afectado de manera contundente nuestro modo de entender la vida, de relacionarnos con nuestro entorno y de vivir el amor.

Para muchas personas este panorama parece caótico: las novedades y sus inesperados desafíos naturalmente nos asombran y confunden. Las relaciones humanas, modas, tecnologías y profesiones cambian día con día y traen consigo un torbellino de novedades que muchas veces rebasan nuestra capacidad de comprensión y adaptación.

Las dinámicas de pareja también han cambiado de forma sorprendente en los últimos años. De vivir en un mundo donde la norma era el matrimonio heterosexual, transitamos a una mayor aceptación de la homosexualidad y la bisexualidad, así como a una diversidad de modelos amorosos. Ahora en los vínculos de pareja florece la pluralidad: además de parejas heterosexuales, hay parejas homosexuales, relaciones *poliamorosas,* tríos o cuartetos, relaciones ocasionales, matrimonios con o sin convivencia domiciliaria, con o sin hijos, y muchas opciones más. Cada una tiene sus características y dinámicas particulares, sus retos y dificultades diferenciadas, y desde luego cada una tiene ciertas ideas respecto a la infidelidad. Y esto es así porque el malestar amoroso es una característica de nuestra época: existe una insatisfacción constante en los vínculos amorosos. Me atrevo a afirmar que pocas personas se sienten satisfechas con sus relaciones.

Parecería que las personas casadas piensan que la felicidad se encuentra siempre en otro lado. Por su parte, muchos solteros compran la idea de que la vida es mejor entre dos, y siempre están en busca del verdadero amor, con la fantasía de que encontrarlo mejorará su vida, y con frecuencia posponen otros proyectos valiosos. Otros van de relación en relación, desencantándose de las experiencias vividas, cuestionando sus decisiones con un sentimiento de fracaso personal y desconfiando cada vez más de la posibilidad del amor ideal. Unos cuantos más vamos de puntitas, incursionando en nuevos modelos amorosos, a veces sintiéndonos raros, otras temiendo el fracaso, pero convencidos de que algo de lo que se nos ha impuesto no se acomoda del todo con nuestros deseos, sentires y formas de vivir.

¿Cómo explicar este malestar amoroso? La frustración se incrementa al constatar que hoy, tras años de lucha por conquistar la libertad de elegir a la pareja que cada quien desea, las elecciones parecen incorrectas, efímeras y lastimosas.

Para comprender mejor las idas y venidas de los corazones del siglo XXI es indispensable reconocer las características de la pista en la que estamos bailando. A menudo invisibilizamos el impacto de las creencias erróneas en nuestra vida amorosa y suponemos que los fracasos de pareja –muchas veces coronados por una infidelidad– son causados por fallas en la elección amorosa, carencias personales o falta de compromiso y de valores morales.

Uso una analogía con mis pacientes: hoy en día la vida de pareja es como bailar tango con un compañero de baile de nuestra elección en una pista en la que se ha derramado una cubeta de agua jabonosa. Tenemos que bailar algo difícil y de manera coordinada. ¡Pero nadie nos ha ensañado a bailar el tango!, y si antes el hombre era el que llevaba el baile, ahora es cuestión de los dos. ¿Cómo hacer para no resbalarse? ¿Por qué culpar al otro o a sí mismo de no saber bailar, sin tener en cuenta que en esas condiciones es casi imposible no derraparse?

La infidelidad no es producto de nuestra era.

Ya sea por causa de acuerdos socioculturales de antaño, que casi siempre favorecen a los hombres y censuran a las mujeres, ya sea por engaños e incumplimiento de acuerdos explícitos, la historia de la humanidad va acompañada de triángulos –y cuadrados– amorosos que conviven con los contratos matrimoniales de cada época. En todas las épocas ha habido un anhelo de erotismo que se plasma en transgresiones más o menos toleradas en las costumbres de las diversas sociedades y culturas. En el plano sexual los comportamientos oscilan entre lo abierto y la libertad, incluso llegando al *libertinaje,* pasando por lo muy rígido y puritano. La historia y la literatura nos ofrecen innumerables ejemplos de amores adúlteros, personajes escandalosamente lascivos, triángulos amorosos perfectos y amores prohibidos, sostenidos y frustrados.

La infidelidad, como constante en la vida de muchas personas, como factor de rompimientos amorosos y extremo desasosiego emocional, es en buena medida efecto de este constante proceso de cambio que culmina en este siglo. Las condiciones de vida, nuestros paradigmas, las expectativas de satisfacción personal, la ambivalencia de nuestros deseos, la lucha por la equidad de género y otras circunstancias son producto de una reciente transformación social exponencial que nos lleva a diversas contradicciones en relación con las enseñanzas y valores de los años previos. Seguimos arrastrando modelos generacionales de antaño que en la actualidad confrontan nuestra experiencia amorosa y sexual.

Es difícil describir de forma aislada transiciones que ocurrieron pausadamente a lo largo de la historia. Para comprender la fragilidad de los vínculos amorosos de nuestro siglo, enlisto algunos hitos que desembocan en una sensación de riesgo y vulnerabilidad en la vida de pareja.

1.1. LA VIDA FAMILIAR A LO LARGO DE TRESCIENTOS AÑOS

Tradicionalmente la sociedad ha concebido a la familia como su núcleo fundamental: desde épocas ancestrales se consideró que la unión de varios individuos en grupos, emparentados por lazos de sangre, era la piedra angular que sostenía las uniones más grandes, que derivaban en sociedades. En una sociedad donde la supervivencia y la satisfacción de necesidades básicas no podían darse sin el trabajo comunitario, la interdependencia era elemental para el establecimiento y bienestar de la familia.

Hasta el siglo XVIII en Europa, el objetivo de la vida conyugal no eran el amor y la felicidad, sino la reproducción, la producción y la supervivencia. La familia se regía por reglas en las que los integrantes valían socialmente por su papel en esta; por ejemplo, la mujer dependía del hombre de la casa, al tiempo que se encargaba de los trabajos domésticos, de la crianza de la descendencia y de otras producciones de bienes.

Quienes voluntaria o involuntariamente se apartaban de ese régimen familiar se veían, por fuerza, desprovistos de un papel en el mundo. En particular, las mujeres, al verse inmersas en tal situación, por viudez o por abandono, eran aisladas y tratadas como seres sin humanidad. No había vida independiente más allá de la familia.

Si bien las infidelidades masculinas daban cabida a relaciones sexuales extraconyugales, generalmente con mujeres subordinadas a ellos o con prostitutas, la exigencia de exclusividad sexual en las mujeres era fundamental para asegurar que la prole fuera del jefe de familia.

Con la Revolución Industrial surge la clara distinción entre el espacio público, del trabajo, y el espacio privado, de la familia. Si bien una que otra mujer comenzó a trabajar fuera de casa, la gran mayoría seguía haciendo el trabajo doméstico, que dejó de considerarse trabajo. En esta época la familia se convirtió en una institución basada en relaciones entre personas, mientras que la sociedad se enfocó en la producción industrial. Así se gestó la idea de familia nuclear, y, reitero, se separó el espacio público del ámbito privado.

El entorno de las mujeres estaba limitado a las tareas domésticas y a la crianza de los hijos; la intimidad y los vínculos afectivos se convirtieron en su ámbito natural, a tal grado que la maternidad se volvió el fundamento de su identidad y su máxima aspiración. El sitio de los hombres, en cambio, era el espacio público, donde podían ganar dinero para ser los proveedores del hogar. Estas divisiones contribuyeron a ahondar la distinción entre la «mujer buena» (la madre, la esposa, la asexuada) y la «mujer mala» (la puta, la amante, la sexual) y se afianzó una doble moral sexual que daba a los hombres libertades que a las mujeres les negaba.

Con el paso del tiempo, y con el progresivo avance hacia la sociedad moderna, se dejaron sentir de forma más marcada las inequidades entre hombres y mujeres en los ámbitos educativo, económico, sexual y legal. En el matrimonio se diferenciaban los papeles: el esposo, como líder económico proveedor, dictaba las reglas domésticas y era la autoridad en el cuidado de los niños, mientras que la esposa vivía en una acentuada posición subordinada cuyas responsabilidades eran exclusivamente los hijos y el hogar.

La idea de individualidad no se gestó sino hasta el siglo XX, con un cúmulo de avances tecnocientíficos. En la década de los sesenta comenzó una época en la que los dos sexos podían experimentar, aunque en distintos grados, los beneficios y las cargas de llevar una vida propia. Esto conllevó una revolución en los intercambios entre hombres y mujeres, en las formas de hacer pareja, en la posibilidad de abrirse a nuevos encuentros amorosos y en nuevas maneras de vivir la familia.

Mientras más aumentan las posibilidades de decisión en un mundo que ofrece y exige infinidad de opciones, más crece el potencial del conflicto amoroso y más se reducen las capacidades de mantener intacta la familia nuclear. El mundo se ha vuelto hasta cierto punto más abierto para ambos, pero también más complejo y contradictorio. El sueño romántico de vivir con la persona elegida requiere esfuerzos enormes de cada integrante de la pareja. Los vínculos elegidos son frágiles por cuanto que se sostienen en una base sentimental casi exclusiva y cambiante: dos agendas individuales y un estrecho proyecto común que permanentemente se tiene que negociar, revalorar y actualizar.

Todo esto ha desencadenado una radical transformación de las relaciones humanas, y en particular de la vida familiar y de pareja. Sus efectos se perciben en la aparición de una diversidad de estructuras familiares y acuerdos amorosos: familias monoparentales, familias binucleares, familias homosexuales, familias reconstituidas, familias unipersonales, parejas con convivencia domiciliaria, casadas o no, y con o sin hijos; parejas que viven en casas separadas, y acuerdos poliamorosos. Así, vivir según una elección individual, con o sin pareja, con o sin hijos, es una nueva realidad que posibilita tener una agenda propia sin necesidad de supeditarla a la de otro.

1.2. SOLTERÍA FORZADA EN LAS POSGUERRAS

El impacto de las guerras mundiales ocupó un papel central en la transformación de la vida de las mujeres. Virginia Nicholson, sobrina nieta de Virginia Woolf, cuenta en el ensayo *Ellas solas* que la soltería fue un fenómeno social de gran trascendencia en Gran Bretaña. Allí dos millones de mujeres quedaron solteras por falta de pareja: se les llamó las «mujeres del excedente». A muchas de ellas les fue difícil convivir con su soledad, y a otras las circunstancias las llevaron a romper convenciones sociales y tener relaciones extramaritales o descubrir inclinaciones sexuales por mujeres.

A raíz de la Primera Guerra Mundial empezó a cambiar el papel de las mujeres. No había vuelta atrás. Prueba de ello fue la denodada lucha de las mujeres que lograron el sufragio femenino en Rusia y Holanda en 1917, y en Estados Unidos en 1920. En 1918 Gran Bretaña permitió votar a mujeres mayores de 30 años. Como sostiene Nicholson, la guerra cambió a muchas mujeres, pero ellas también cambiaron a la sociedad.

Hasta 1914 el matrimonio constituía el fin último de toda mujer. Salvo casos excepcionales, las mujeres desde niñas vivían obsesionadas por el altar y las labores domésticas. La soltería no era solo una idea incómoda, sino que simplemente no tenía cabida en la sociedad, y ni se diga una sexualidad libre para las mujeres. Por eso las mujeres sin marido se convirtieron en un problema de su tiempo. En 1921 había en Inglaterra dos millones más de mujeres que de hombres. En la prensa los titulares rezaban: «El problema de las mujeres que sobran: dos millones nunca serán esposas». La familia era un valor tan preciado que a las jóvenes sin posibilidades de formar una prácticamente se les acabó la vida antes de empezar.

La Gran Guerra propició que, entre el dolor, el pavor, la muerte, la soledad y la discriminación, floreciera la mujer moderna. Y, con ella, diversos modelos de vida personal y familiar que dan cabida a elecciones particulares en lo sexual y en lo amoroso.

1.3. EL FEMINISMO, UNA GRAN CONQUISTA SOCIAL

El endurecimiento de los roles de género en la sociedad industrial, que disociaba la vida pública de la doméstica, generó una serie de malestares en la población femenina. La insatisfacción del encierro, no poder desarrollarse intelectualmente y vivir a través de su familia y no para sí mismas fue mermando su salud física y psicológica, motivándolas a buscar nuevas formas de estar en el mundo y de reconstruir su identidad.

Al abrirse una gran cantidad de escuelas que dieron acceso a la educación pública y gratuita, se permitió que niños y niñas estuvieran un rato fuera del hogar, con lo que se descargó a la madre de parte de su responsabilidad educativa. El avance de las tecnologías facilitó las tareas en el hogar, y el descontento femenino frente a la falta de espacios y derechos políticos y económicos, así como las exigencias que las guerras mundiales pusieron sobre los hombros de las mujeres, condujeron a la creación de un movimiento feminista organizado.

Hagamos un recuento rápido: a partir de la Ilustración surgieron corrientes encaminadas a liberar a la mujer de la subordinación y el confinamiento al ámbito familiar. En la Inglaterra victoriana y en Estados Unidos, grupos de sufragistas lucharon por la igualdad de derechos políticos de las mujeres. A finales del siglo XVIII y principios del XIX surgieron los primeros destellos de promulgaciones en favor de las mujeres, consecuencia de la Revolución francesa y de los movimientos sufragistas, pero no fue sino hasta 1907 cuando Clara Zetkin lideró la Conferencia Internacional de Mujeres Socialistas en pro de los derechos de «la otra mitad de la humanidad».

En los años sesenta el movimiento feminista consolidó cambios cualitativos en el discurso por la igualdad y para poner fin a la discriminación, así como en las crecientes modificaciones en el orden jurídico y político que han hecho posible el camino a la igualdad, al menos en la letra, en algunos países.

Se hicieron campañas en pro del divorcio, de la igualdad salarial, del derecho al aborto y en contra de la discriminación por razones de sexo. Estas acciones avanzaron de la mano de una sólida teoría que combatió a la sociedad patriarcal a través de la reivindicación de la autonomía e independencia de las mujeres y la planeación de nuevas formas de organización en los ámbitos políticos, económicos y socioculturales.

La lenta pero constante debilitación del patriarcado ha permeado en distintos ámbitos y ha hecho posible la autonomía de las mujeres y una mayor influencia suya en la sociedad. Sin embargo, a la mayoría de los hombres le quedan grandes las relaciones equitativas. Con frecuencia los vemos resistiéndose al cambio mediante el primitivo uso de la fuerza física, o bien imponiéndose echando mano de la violencia emocional y económica. Otros pretenden no darse cuenta de lo que ocurre y prestan poca atención a las demandas femeninas; incluso se muestran sorprendidos cuando sus mujeres los dejan. Solo unos cuantos se han dado a la tarea de renunciar a los privilegios del patriarcado y buscan una nueva manera de ser hombres que responda a las características del mundo actual.

El feminismo ha denunciado la división sexual del trabajo en el patriarcado. Esos papeles asignan, como si fuera algo natural, tipos diferenciados de comportamiento. Por ejemplo, se ha reservado para los hombres el terreno de la razón, mientras que a las mujeres se les asigna el de la emoción. Esta carga llega a ser tan fuerte que algunas mujeres caen en estados depresivos caracterizados como «neurosis del ama de casa», «síndrome del nido vacío» y «depresiones en mujeres de mediana edad».

El empoderamiento femenino y la posibilidad de salir fácilmente de relaciones inequitativas a través del divorcio ha dado lugar a un gran número de mujeres que prefieren estar solas que mal acompañadas. Las mujeres de las nuevas generaciones cuestionan más el matrimonio que minimiza su biografía individual, y la idea de ser madres, debido al aún desequilibrado reparto de las tareas de crianza; esto no significa que muchas no deseen el matrimonio ni la maternidad, pero sí que otras tantas cuestionan asumir esa responsabilidad sin suficiente apoyo de las políticas públicas y con deficientes acuerdos de pareja en sus vidas privadas. El feminismo también ha dado a las mujeres la posibilidad transgresora de ejercer su libertad sexual y apropiarse de su cuerpo, rechazando el opresivo orden reinante.

Gracias a los siglos de lucha feminista las mujeres han ganado terreno en diversos ámbitos, aunque subsisten grandes desigualdades con respecto a los hombres en cuanto a oportunidades, salarios y asistencia social. Además, en materia de sexualidad, lo que al hombre se le tolera y aplaude, en la mujer se sigue condenando. Este escenario coloca pesos emocionales extra en la conexión interpersonal en general y en la vida de pareja en particular.

1.4. LA PÍLDORA QUE LO CAMBIÓ TODO

La aparición de la píldora anticonceptiva ayudó a hacer realidad algunas demandas del movimiento de mujeres y multiplicó sus efectos.

A principios de los sesenta empezó a venderse públicamente una pastilla cuyo fin específico era evitar la concepción y los embarazos no deseados. Esto tuvo un impacto importante en la sexualidad de las mujeres y dio paso a replantear los fines de la familia y la pareja. Si antaño los objetivos de la vida matrimonial y de la convivencia familiar eran la reproducción, la producción y la supervivencia, estos cambios paulatinos impugnaron ese modelo al tiempo que frenaron el crecimiento demográfico.

Al separar el sexo heterosexual de la procreación se dejan sentir otros desacoplamientos: se puede vivir el erotismo sin la condición del matrimonio y, es más, *el erotismo sin amor*.

Los avances en materia de fertilidad hacen posible también la procreación sin sexo. Así, la tríada matrimonio-sexo-procreación hoy queda desvinculada, lo que abre la puerta a una variedad de relaciones eróticas y afectivas, así como a una mayor diversidad de modelos familiares. El sentido lúdico del sexo, el derecho a la satisfacción, el deseo de la diversidad y la exploración sexual avanzan en su legitimización.

1.5. LA REVOLUCIÓN EN LA QUE TRIUNFÓ EL PLACER SEXUAL

Al replantear la finalidad del matrimonio, emergió con voz propia la liberación sexual, toda una amenaza a los códigos tradicionales en materia de relaciones sexuales, comportamiento y moral sexual en los países de Occidente. Su máxima expresión se dio entre las décadas de 1960 y 1980, aunque sus efectos siguen expandiéndose en un proceso de replanteamiento y reconstrucción.

La legitimación del placer sexual invitó a los individuos a explorar sus cuerpos y a cuestionar sus relaciones en pro de la satisfacción personal. Las normas sexuales cambiaron: comportamientos sexuales antes prohibidos y penados ahora eran parte del repertorio habitual. Con esta reivindicación se abrió un abanico de posibilidades para los encuentros eróticos: la aceptación de las relaciones sexuales antes y fuera del matrimonio, la normalización de la homosexualidad y una serie de prácticas sexuales que ampliaron las variedades de juego, encuentro y placer.

La liberación sexual camina de la mano del feminismo, de la equidad de género y del uso de métodos anticonceptivos; estos, en conjunto, la posibilitan y la amplían.

1.6. EL MATRIMONIO YA NO ES LO QUE ERA

Esta mezcla de sucesos pone en tela de juicio el matrimonio como modelo casi exclusivo para vivir el amor. Aun así, dicha institución resiste los embates de una sociedad que busca nuevas formas de vínculos amorosos. Cada vez más parejas que desean compartir sus vidas eligen vivir juntas sin haberse casado. Otras deciden tener una relación comprometida y vivir separadas; es decir, llevan una vida unida y tienen proyectos en común, pero por comodidad o por las exigencias de su vida laboral habitan espacios diferentes.

Hoy más que nunca, los jóvenes cuestionan de qué se trata el amor o la vida en pareja, y no necesariamente esperan compartir vivienda ni comprometerse en una relación estable; deciden posponer la paternidad y la maternidad, o incluso renunciar a ellas. El derecho a las uniones satisfactorias y placenteras, y la conciencia de que es imposible que una sola persona aporte al vínculo lo que antes aportaba toda una tribu desembocan en la posibilidad de las relaciones abiertas.

1.7. APARICIÓN DE LAS REDES SOCIALES

El siglo XX se caracterizó por un cúmulo de avances tecnocientíficos. Uno de sus efectos fue el aumento de la esperanza de vida y, con esto, se hizo muy difícil sostener un solo amor para toda la vida, más en una sociedad que, conquistada la supervivencia, prioriza la realización personal y la búsqueda del sentido de la propia existencia.

Actualmente atravesamos más ciclos vitales que nuestros antepasados: después de dejar el hogar materno, vivimos solos, convivimos en pareja, tenemos amores de entretiempo –encuentros fugaces–, nos casamos, sostenemos relaciones extraconyugales, nos divorciamos, retomamos de nuevo la individualidad...

Marie France Hirigoyen, en su libro *Las nuevas soledades,* sostiene que las nuevas generaciones estarán inevitablemente cada vez más solas. En respuesta a esa precariedad se han creado nuevas formas de sociabilidad. Los diversos acuerdos sexuales y amorosos forman parte de la variedad de prácticas vigentes en el mundo. Y esto ocurrió, en parte, gracias a la revolución de las comunicaciones: el mundo globalizado nos mantiene en permanente comunicación e interdependencia unos con otros. La información vuela de un extremo del mundo al otro. Se acortan las distancias y aparecen escenarios de vida a los que antes era inimaginable acceder, al tiempo que se unifican y diversifican maneras de pensar, desear, sentir y actuar.

La cercanía y la distancia que surgen de las redes intermitentes en la web han generado una nueva forma de relacionarnos que nos conecta a unos con otros, al tiempo que los encuentros se dan en una estremecedora lejanía, para luego, mediante el contacto permanente que permiten internet y las redes sociales, se vuelva a disipar la sensación de soledad. Las personas están *más solas, pero más conectadas.*

Las nuevas tecnologías nos han traído otra forma de vincularnos: las palabras elegidas en el momento justo, los ademanes, los gestos y el nerviosismo desaparecen frente a mensajes de texto que pueden editarse incontables veces antes de enviarse por WhatsApp. La imagen personal real se sustituye con fotografías elegidas minuciosamente para lucir perfectos en nuestro *feed* de Instagram y Facebook. En esas circunstancias, ¿cómo no va a resultar tentador un encuentro fortuito?

Las redes sociales se muestran como una especie de vitrina donde todos pretendemos ser el producto más atractivo para ser adquirido. Estos acercamientos crean una extraña sensación a la hora de iniciar relaciones amorosas: al parecer, la constante es la falta de compromiso. Los hombres y las mujeres de hoy, ante la vida individual que muestran las pantallas, deseamos con ansia relacionarnos y, sin embargo, todo el tiempo desconfiamos de *estar relacionados* y, en particular, de estar relacionados *para siempre*.

Sabemos, por experiencia propia o porque lo vemos alrededor, que las relaciones pueden ocasionar tensiones que luego no queremos ni sabemos manejar. Sabemos también que la devoción a una sola persona es costosa, pues nadie podrá completarnos ni satisfacernos del todo: eso es una aspiración inútil. Por otra parte, la permanente posibilidad de todo tipo de encuentros –gracias a ese mundo virtual galopante, y a los muchos escenarios que presenta una vida globalizada; gracias a una nueva forma de vivirnos como hombres y mujeres, y gracias a las nuevas ideologías que promueven más derechos individuales y mayor permisividad– abre más aún las puertas a la tentación y posibilidad de la infidelidad.

El auge del individualismo, la velocidad de los cambios y los nuevos escenarios crean la sensación de *querer todo y poderlo todo*, y de que siempre lo otro, lo que viene, puede ser mejor. Si a esto se suma el derrumbamiento de la idea de que la monogamia es parte de la naturaleza humana, la experimentación sexual está a la orden del día, y con ella la complejidad amorosa y la contradicción sentimental. Esto provoca que muchas veces las decisiones relativas a la pareja se vivan con culpa, como si fueran efecto de alguna disfunción o patología.

En medio de todos estos cambios, y cuando la creencia de estar obligado a ser feliz es siempre un móvil para buscar un mejor amor, las relaciones amorosas se tornan más libres y también más frágiles. Todos estos movimientos sociales y avances tecnocientíficos que causaron notorios cambios en la sociedad, así como el triunfo de ideas como el progreso, la felicidad, la libertad y la individualidad, empujan a refutar el antiguo paradigma de la fidelidad, lo que confirma la aseveración de Simone de Beauvoir: «La humanidad no es una especie animal, sino una realidad histórica».

Las monogamias seriales surgen quizá de las dificultades de separar la fidelidad de la exclusividad sexual, de integrar éticamente la libertad sexual con nuestra vasta capacidad emocional y de reconocernos más poliamorosos que exclusivos de cuerpo, mente y corazón. Pero es innegable que los humanos amamos y nos reproducimos a través de una diversidad de acuerdos, los cuales han tenido o tendrán personalidades que los representen y culturas a contracorriente que los exploren, los vivan y los defiendan.

CAPÍTULO 2

EL TERRITORIO DE LOS AFECTOS

Los azotes; los estigmas; los garrotazos; el ostracismo; la mutilación de genitales; la amputación de narices y orejas; los tajos en pies, caderas o muslos; el divorcio; el abandono; la muerte por lapidación, en la hoguera, por asfixia bajo el agua, por estrangulamiento, fusilamiento o apuñalamiento: todas estas crueldades se practican en el mundo para castigar la infidelidad. Considerando la magnitud de las penas es asombroso que los seres humanos osen tener relaciones extramaritales. Y sin embargo, las tenemos.

HELEN FISHER

Pocos asuntos son tan controvertidos, satanizados y, por lo tanto, difíciles de definir y descifrar como la infidelidad. Pretender crear consenso en relación con el qué, el porqué y el para qué de una infidelidad sería inútil. Por eso, más que de infidelidad, hablemos de *infidelidades*.

De ninguna manera todos los adulterios caben en un mismo paquete. Entran en juego tantos factores que de poco ayudaría tipificarla y reducirla al acto infiel. Hace falta explorar el tema con mente abierta y compasión desde una perspectiva ética, una que desde luego no se limite a la moral judeocristiana.

Si bien la infidelidad tiende a considerarse una traición a la pareja, y tras la mayoría de los contratos amorosos subyace explícita o tácitamente un acuerdo monogámico, las distintas sociedades, desde sus valores sociales, culturales y morales, interpretan de manera diferente lo que es castigable, perdonable, permitido e incluso promovido en los comportamientos sexuales de las parejas.

Uno de los primeros puntos a destacar es que las creencias y los sentimientos personales de las personas implicadas en una experiencia de infidelidad inevitablemente se verán permeados por el contexto al que pertenecen. Nunca será igual la experiencia de la infidelidad en una comunidad rural mormona, en un estado republicano de Estados Unidos y entre los miembros de un partido político de izquierda en la capital de Francia. Estas distinciones ideológicas generan cargas emocionales diferentes para las personas involucradas.

Aun así, en términos generales el efecto de descubrir una infidelidad es una gran perturbación emocional: sentimientos de traición, pérdida de la confianza, desolación ante el futuro, temor a la humillación y al abandono. Para atenuarla se buscan explicaciones, razones, causas... y, en casos extremos, venganza.

Quizá la aventura por sí sola no sea tan destructiva para la vida de la pareja, pero el caos emocional que trae consigo sí puede ser devastador.

Affaire, aventura, relación extraconyugal o extramatrimonial, poner los cuernos, adulterio, infidelidad, echarse una cana al aire... Ninguna de las denominaciones es del todo precisa ni universal. Más allá del nombre que cada quien desee darle a la experiencia, revisemos los elementos que la acompañan.

2.1. ENTONCES, ¿ESTOY SIENDO INFIEL O NO?

La infidelidad, en términos generales, es el hecho de que alguien con una pareja formal mantenga con alguien más una experiencia erótica o amorosa, de una sola ocasión, o bien repetida y continuada, aun cuando se tenga un acuerdo implícito o explícito de exclusividad emocional y sexual: un miembro de la pareja sigue creyendo que el acuerdo sigue en pie, mientras que el otro lo incumple en secreto.

Y esa relación ajena a la pareja incluye tres elementos básicos:

- *La atracción.* La tercera persona despierta una curiosidad y un deseo particular que incluye no solo interés sexual, sino cierta necesidad de estar en contacto y cercanía. Podríamos hablar de una alquimia erótica, con o sin intercambio sexual.
- *La transgresión.* Se tiene la conciencia de estar entrando en territorio prohibido, incumpliendo una norma, acuerdo o costumbre.
- *El secreto.* El sentimiento, las acciones y los pensamientos en relación con esa otra persona se ocultan por cuanto implican: una atracción que va más allá de la que se tiene hacia un buen amigo, colega o familiar, y por tanto representa una desviación del amor a la pareja formal.

La infidelidad puede ir desde un involucramiento emocional que no se desarrolla en el plano sexual, aunque tenga algo de atracción erótica, hasta el ejercicio, eventual o continuo, con o sin involucramiento emocional, de la sexualidad, pasando por intercambios en otros planos. Si bien estos tipos de infidelidad llegan a conjuntarse, uno no necesariamente implica el otro.

Algunas personas no consideran infidelidad el involucramiento meramente emocional que no incluya una dimensión corporal y sexual. Otras, en cambio, viven ese enamoramiento alternativo como el preámbulo de una traición. Y otras más lo identifican simplemente con la sexualidad extraconyugal, debido a que se incumple el acuerdo de monogamia y está presente el secreto; para ellas lo fundamental no es tanto la conducta concreta con una tercera persona, sino el ocultamiento de los sentimientos y del interés. Esta mezcla de deseos, emociones, acciones y omisiones puede ocurrir tanto en un encuentro fortuito como en una relación sostenida en el tiempo. Ambos son inaceptables, no solo para la persona que se siente traicionada, sino también para el cónyuge que sabe que ha quebrantado el compromiso. Hoy, la celeridad de las comunicaciones y las redes sociales hace que algunas experiencias virtuales con las características mencionadas se consideren y experimenten como traiciones a los acuerdos de la pareja.

Si bien las diferencias de género respecto a la infidelidad se han ido acortando en los últimos años, hombres y mujeres siguen teniendo diferencias en la forma de correlacionar lo emocional y lo sexual. En términos generales, los varones tienden a ser infieles sin enamoramiento, mientras que para las mujeres es importante el aspecto emocional. Esto podría resumirse en un «Sé infiel, pero no te enamores» para los hombres y un «Enamórate, pero no seas infiel» para las mujeres. Entre las jóvenes generaciones estas diferencias se han ido atenuando gracias a los cuestionamientos a los estereotipos y roles sexuales, pero no han desaparecido del todo. La gravedad subjetiva que se atribuye a la infidelidad tiene que ver con la historia y la psicología de la persona y sus circunstancias. Tres factores suelen entrar en juego para atenuar o agravar la experiencia de la infidelidad:

- *La escala de valores.* No tiene el mismo peso una experiencia de infidelidad en el núcleo de una familia católica, apostólica y romana practicante y perteneciente a una clase burguesa y conservadora, que en una familia de librepensadores provenientes de una cultura del esfuerzo de clase media trabajadora.

- *El grado de madurez.* Tampoco es igual el impacto de la infidelidad del marido para una mujer autónoma emocional y económicamente, satisfecha con su vida, que ha hecho un trabajo de crecimiento personal y sorteado los desafíos de la vida con éxito. Tal vez ella experimentará el desencanto de manera dolorosa, pero no de forma tan amenazante como sería para una mujer dependiente, sometida y entregada a sus tareas de madre y esposa como único proyecto vital.
- *Las circunstancias en que ocurre.* Nunca será igual enterarse de que la mujer se involucró con un desconocido en una noche de copas a kilómetros de casa, que descubrir a la esposa con el hermano, en el lecho conyugal, mientras el marido se recuperaba de una cirugía en el hospital.

La ideología y los valores, la madurez personal y las circunstancias matizan la infidelidad. Los seres humanos somos contradictorios; tendemos a ser permisivos con nosotros mismos: damos –y nos damos– explicaciones convincentes de nuestros tropiezos y a la vez nos mostramos intransigentes con los deslices de nuestra pareja. Es más fácil pedir comprensión y suplicar el perdón de la pareja que dárselos a ella. Estas incongruencias muestran que los efectos de las infidelidades cometidas son muy distintos a los efectos de las infidelidades sufridas.

Así como no todas las infidelidades son iguales, varios factores entran en juego para dar a la experiencia diferentes significados y otorgarle mayor o menor importancia; por las mismas razones, no es tarea sencilla reconocer cómo incidirán en la vida de pareja. Tales peculiaridades influyen en el deseo de los cónyuges y en su posibilidad de remontar el conflicto y conservar la relación.

Una conducta como la infidelidad es en cierto sentido normal y resulta inadecuado, insisto, considerarla señal de patología, ya sea del individuo o de la pareja. Resulta más apropiado estudiar el fenómeno a partir del hecho de que somos parte de una especie humana que ha evolucionado desde conductas con fines reproductivos que aseguraron su supervivencia hacia una cultura más compleja, que privilegia la convivencia y el bien común.

En determinados ámbitos de algunos países occidentales, la institución matrimonial está en decadencia, y a esto se suman las exigencias de un medio que vende la ilusión de que todo (cosas y personas por igual) está al alcance de la mano. El panorama se complica cuando el estilo de vida está marcado por la velocidad y la falta de tiempo; a menudo brillan por su ausencia las habilidades individuales que sirven para comunicarnos, cuestionar nuestros deseos y necesidades, llegar a acuerdos sensatos y relacionarnos amorosamente con base en expectativas éticas, pero al mismo tiempo realistas de lo que puede ser una buena vida de pareja en la actualidad.

2.2. LO QUE NOS MOTIVA A LA INFIDELIDAD

Como toda conducta interpersonal, la infidelidad puede obedecer a diferentes circunstancias, servir a diversos propósitos e interpretarse de distintas maneras por la pareja en cuestión. En algunas relaciones puede resultar sintomática; en otras puede ser una respuesta a necesidades psicológicas individuales. A veces es la aplicación de normas invisibles de la cultura, otras es parte integral de una franca disfunción de pareja. En ocasiones puede ser efecto de transiciones de vida o de duelos pospuestos. Para pocas parejas puede ser un suceso sin mayor trascendencia; otras, a pesar de las dificultades y sinsabores, la valoran como una experiencia positiva y benéfica dentro del desarrollo de la relación; otras más, la mayoría, la consideran una catástrofe imperdonable y prácticamente sin remedio posible.

Estas apreciaciones tienen mucho que ver con lo que motiva a un miembro de la pareja a tener una relación extraconyugal, con las características personales y circunstancias de quien se vive traicionado y con la situación concreta de la pareja.

Aunque distinguir las razones que generan una infidelidad es todo un reto, presento aquí una serie de motivaciones que predisponen a ella. Señalo estas causas posibles para poder identificarlas y diferenciarlas unas de otras, pero es importante aclarar que en la vida real muchas se mezclan, se entretejen o se suman. La infidelidad es algo más bien complejo.

Motivaciones individuales

No toda infidelidad apunta necesariamente a la relación de pareja ni tiene en ella su origen. A veces sí, pero hay que tener en cuenta que primero somos personas, individuos, y después constituimos una pareja con otro individuo.

Como seres humanos en desarrollo permanente todos tenemos historias que configuran nuestra manera de vivirnos como sujetos, nuestras elecciones para resolver conflictos personales y nuestra forma particular de sortear las limitaciones que nos agobian, así como las capacidades que impulsan nuestro crecimiento. Esta compleja individualidad puede abrir puertas a la experiencia de la infidelidad.

Algunas de las motivaciones individuales que pueden conducir a una infidelidad son:

- *Tareas pendientes.* En circunstancias ideales llegaríamos a la adultez después de haber atravesado en tiempo y forma las dificultades propias de cada etapa de desarrollo, así como los inevitables duelos, conflictos y pesares, pero la realidad es que por lo general avanzamos por la vida sin dejar el camino previo totalmente allanado. Así, hay infidelidades que corresponden a asuntos no cerrados en etapas previas. Algunos ejemplos: compensar alguna herida emocional temprana, actuar para demostrar una rebeldía infantil que en su momento fue reprimida, superar alguna decepción amorosa previa, cubrir el vacío de un duelo mal vivido, afrontar los desafíos de una limitación física o relacional... Entre las tareas pendientes más comunes está el eterno propósito de concretar la individuación: esta consiste en el proceso de constituirnos como sujetos psicológicos autónomos y diferenciarnos de los demás en cuanto a ideología, elección de los propios conceptos, y capacidad de gestionar los deseos e intereses, y de generar una identidad particular, una perspectiva del mundo y de las relaciones que nos brinde un sentido de integridad. Sobra decir que estas compensaciones no se dan de manera consciente.

- *Autoafirmación.* Esto implica convencernos de nuestras propias capacidades, virtudes, habilidades y reforzar psicológicamente nuestros poderes y competencias. Ser infiel para autoafirmarse supone demostrarse a uno mismo que es sexualmente atractivo y que tiene la capacidad de seducir. Esta necesidad de autoafirmación se agudiza cuando la persona es muy insegura y necesita apuntalar su ego, a veces de manera desproporcionada, como, en un extremo, los narcisistas agudos requieren una confirmación permanente.
- *Antecedentes de familia.* La infidelidad puede estar ligada a patrones familiares de comportamiento, ya sean costumbres arraigadas en la familia –modelos de seducción, derecho al secreto o historias de traición–, mecanismos de defensa para afrontar las dificultades de la vida –evitación, compensación, disociación– o incluso la reconstrucción de alguna historia familiar traumática con la intención de darle un mejor final.

- *Necesidad sexual.* Las carencias sexuales siempre son un motivo personal para ser infiel; ocurren cuando un miembro de la pareja tiene un deseo más acuciante o se siente insatisfecho. Hablar de necesidad sexual es muy subjetivo, pues si bien la sexualidad puede verse como una necesidad psicológica, en estricto sentido no lo es, y en todo caso hay múltiples maneras de satisfacerla. Alguien puede vivir como necesidad lo que en el fondo no es sino un gusto o un permiso. Es necesario ver esto desde una perspectiva de género, atendiendo a la manera como se socializa a hombres y mujeres, y al lugar que se supone que debe tener la sexualidad en la vida de unos y otras. Muchas veces los hombres llaman necesidad al deseo vehemente de coito, o alegan necesitar relaciones sexuales con determinada frecuencia, aunque a sus parejas esa misma frecuencia les parezca excesiva o simplemente no les apetezca. En contraste, en términos generales, para que una mujer considere que una necesidad sexual es motivo para ser infiel hace falta que tenga un déficit sexual muy importante y una seria frustración orgásmica; aun así, ellas suelen aludir a eso no como necesidad sexual, sino necesidad de afecto.
- *Anhelos legítimos.* Búsqueda de aventura que anime una existencia difícil, autodescubrimiento, legítima curiosidad sexual que se satisface al probar con personas diferentes y mediante técnicas distintas, ejercicio de la libertad, recuperación de partes de sí mismo; experimentación para expandir la dimensión erótica, conexión emocional, o recuperar vitalidad después de una pérdida o una tragedia.
- *Por puro gusto.* Muchas veces se trata simple mente de redescubrir la excitación y la variedad sexual. Las aventuras ofrecen la emoción de lo novedoso, la adrenalina del riesgo de ser descubiertos y una pasión desenfrenada, que no siempre implica amor –de hecho, pocas veces–

y mucho menos puede sostenerse en una relación doméstica y duradera.

- *Escapismo.* Huir de problemas que no se quieren afrontar, salpimentar una existencia aburrida e insatisfactoria, sensación de que le falta sentido a la vida o ausencia de un proyecto vital personal que despierte entusiasmo y pasión.
- *Confusión sexual.* La sexualidad se mueve a lo largo de un continuo que va de la heterosexualidad a la homosexualidad. No es algo fijo e inmutable. Algunas personas pretenden reafirmar su orientación sexual a través de experiencias extraconyugales, mientras que otras buscan reconocer algún deseo acallado y experimentar el erotismo con el mismo sexo o con el otro, según si su relación primaria es homosexual o heterosexual.
- *Patologías.* Existen infidelidades que se correlacionan con conductas que salen de la norma y entrañan comportamientos anormales. Hay quien maneja la ansiedad con la práctica sexual compulsiva, hay quien busca una excitación excesiva y un alivio desmesurado. También hay perversiones que necesariamente se ocultan y no es posible actuarlas con la pareja, o incluso trastornos mentales, como narcisismos exagerados, que requieren confirmaciones permanentes al ego a través de las conquistas en el territorio de la sexualidad. Algunas patologías conllevan una baja tolerancia a la frustración y la incapacidad de posponer la gratificación. Al no ver cumplidas sus exigencias en una relación comprometida, buscan cumplirlas afuera.

Motivaciones al interior de la pareja

En no pocos casos la infidelidad es síntoma de que algo ocurre al interior de la relación; no solo me refiero a problemas, sino también a reajustes y acomodos a lo largo de la vida.

Todas las parejas tienen dificultades, pero muchos de los roces y desgastes innecesarios se deben a que las parejas no hablan de sus carencias o malestares, ni de los vacíos en su convivencia. Estas situaciones, que abren una distancia entre la pareja, a menudo están menos asociadas a la sexualidad misma que a la decepción, al enojo, a la sensación de soledad compartida y a la esperanza de ser amado, aceptado y correspondido.

Además de los problemas que trae consigo la falta de una comunicación honesta sobre lo que les está pasando, cada parte de la pareja empieza a tomar decisiones de forma independiente: cada uno se mueve a partir de sus interpretaciones y necesidades, y la relación empieza a basarse en supuestos erróneos, lo que aumenta el desgaste. Si además esas interpretaciones contradicen el compromiso mutuo, el terreno para la infidelidad está sembrado.

Muchas infidelidades son resultado de falta de intimidad en la pareja, pero sobre todo de falta de intimidad con uno mismo; es decir, cuando uno no ha detectado sus propias necesidades dentro de la vida de pareja: si yo no me conozco o no me quiero ver como realmente soy, me será difícil saber qué quiero, con quién lo quiero y cómo lo pido.

La intimidad consiste en poder establecer una comunicación bilateral: un intercambio claro y eficiente acerca de lo mundano y lo profundo, un compartir el dolor y el placer, un poner sobre la mesa los gustos y disgustos de la vida personal y de la vida en común. La intimidad requiere la disposición a estar presentes y firmes el uno para el otro, tanto como apoyo mutuo como para la negociación de las diferencias.

La falta de intimidad levanta una barrera que impide hablar de los problemas y buscar la forma de manejarlos, al tiempo que marca una distancia emocional que limita la posibilidad de dar y recibir aprecio, atención, afecto, amor. También puede ser que esta falta tenga que ver con un desfase en ideología, intereses, estilo de vida, proyecto personal o incluso actividades cotidianas de la pareja que, si bien quizá iniciaron su relación en sincronía, con el paso del tiempo se han desacoplado por los inevitables cambios de las personas a lo largo de la vida.

Llegados a este punto, la infidelidad puede ser una *actuación:* se actúa la insatisfacción acumulada ante la imposibilidad de poner sobre la mesa los propios sentimientos y necesidades, y ante la dificultad de entender los deseos, intereses y valores del otro integrante de la pareja.

Este desencuentro puede tener diferentes causas: no encontrar el modo de integrar las diferencias culturales o sociales entre la pareja, tener expectativas poco realistas sobre el amor, aburrimiento sostenido e inmanejable en el interior de la relación, querer compensar insatisfacciones en la vida de pareja a través de la sobreprotección de los hijos, excesiva preocupación por el dinero, socialización con los amigos o un sobreinvolucramiento con la familia extendida en demérito de la convivencia con la pareja.

Estas son algunas de las motivaciones al interior de la pareja que favorecen una infidelidad:

- *Búsqueda de afecto.* Esta motivación tiende a considerarse, por estereotipos, más femenina que masculina, pero cada vez más hombres se sienten poco queridos y buscan cariño en el encuentro con otra mujer. La necesidad de afecto, a veces más que de relaciones sexuales en sí, habla de un descontento emocional por considerar insuficiente la calidad de su relación.
- *Incompatibilidad sexual.* El sexo no lo es todo, pero la franca desavenencia en estilos y necesidades sexuales bien puede traer problemas a una relación. La diferencia en cuanto a la frecuencia sexual anhelada, la incompatibilidad de olores, el gusto por prácticas sexuales muy disímiles, que uno nunca tome la iniciativa en la cama y se limite a mostrar su deseo por el otro, que siempre sea él o ella quien inicie el juego sexual, la incapacidad

de lograr el orgasmo, la frustración postorgásmica ante un desencuentro afectivo tras una relación sexual... Todo eso trae consigo una sensación de alejamiento y carencia en la pareja. El buen sexo vincula, pero el mal sexo pone en jaque la fortaleza del vínculo conyugal.

- ***Déficit en la comunicación.*** Muchas parejas adoptan patrones limitados y destructivos de comunicación: reclamos, quejas, culpabilizaciones, indiferencia, incluso desprecio y agresiones, sin reconocer el desgaste que estos producen y cómo obstaculizan los acuerdos. Regularmente se culpan el uno al otro ante la decepción por no poder conectarse y resolver sus insatisfacciones. La ira y la frustración se filtran a la cama y afectan la calidad y la frecuencia de los encuentros sexuales: al sentirse distantes y alienados ante la dificultad de compartir gustos, sentimientos o percepciones, no es extraño que busquen escucha, entendimiento y apoyo en otra persona.
- ***Deseo de huir de la soledad.*** Una infidelidad puede ser un recurso para enfrentar la soledad que produce la falta de intimidad en la vida de pareja. A veces la soledad se experimenta como carencia de metas compartidas, falta de diálogo, intereses francamente opuestos y necesidades desacopladas. La soledad no siempre responde a una falta de afecto, pero sí señala un desfase, un destiempo, una falta de afinidad y una incomprensión que dan por resultado esa incómoda vivencia de estar solo aun en compañía.
- ***Deseo de venganza.*** Ser infiel puede ser una forma, consciente o inconsciente, de venganza. Esto depende de gran cantidad de factores: desde la incapacidad de externar los malestares o la impotencia para expresar las necesidades genuinas, hasta la determinación de lastimar al otro. Generalmente la persona que se siente agraviada –quizá por la ofensa ante una

infidelidad previa de su pareja– intenta ajustar cuentas y neutralizar la humillación. La venganza también puede ser una forma de castigo al no recibir de la pareja lo que uno espera.

- *Avivar el amor.* El enamoramiento y el romance tienden a desaparecer con el paso del tiempo. Algunas parejas identifican el galanteo y las emociones fuertes del inicio de una relación con el amor y no encuentran otra manera de activarlo más que poniéndolo en riesgo. Hay quien piensa que, al comparar lo que tiene en casa con algún encuentro idealizado en el exterior, podrá valorar lo que le da su pareja en cuanto a estabilidad, compañía, cuidado y contención, y eso lo lleva a buscar afuera una relación que le brinde algo de la pasión perdida.
- ***Modificación del contrato emocional.*** Al iniciar su vida en común, todas las parejas establecen un contrato no escrito en el que incluyen deseos, expectativas y reglas ligadas tanto a conductas y experiencias vividas en las familias de origen como a sus circunstancias actuales. El contrato puede ser explícito consciente, implícito consciente o implícito inconsciente. Cuando las expectativas dejan de satisfacerse, aparecen las desilusiones y los términos del contrato se ponen en tela de juicio. A la larga puede ocurrir que un miembro de la pareja modifique el acuerdo de manera unilateral a través de una infidelidad.
- ***Escapismo.*** Algunas personas son francas evasoras de conflictos: les temen, los niegan, y con tal de no tener que confrontar un problema llegan a sacrificar sus creencias, deseos y valores. Otras se sienten en desventaja para negociar acuerdos previos, y compensan su miedo al enfrentamiento o su sensación de impotencia con una aventura.
- ***Búsqueda de reacción.*** Un malestar constante que nunca se haya expresado siempre busca la manera de ha-

cerse notar. Ante la imposibilidad de lograr un diálogo fluido, la infidelidad activa la atención de la pareja para resolver el distanciamiento emocional. Esta motivación no es la más frecuente: por lo general se echa mano de ella cuando las otras motivaciones no tienen fuerza por sí mismas. Sin esta motivación es difícil explicar la gran cantidad de pequeñas negligencias casuales que facilitan el descubrimiento de la infidelidad. Parecería que el ser descubierto llevara una nota que dijera: «¡A ver si así reaccionas!», para regresar a una etapa previa donde la relación funcionaba mejor.

- ***La infidelidad previa a la ruptura.*** Hay una infidelidad, antes del rompimiento, que facilita la gestión emocional y física necesarias para hacer frente al hecho de que una relación amorosa ha llegado a su fin.

Motivaciones relacionadas con los cambios de la vida

Las dificultades de integrar los cambios y transiciones a lo largo de la vida crean vulnerabilidad frente a las relaciones fuera de la pareja. La vida es un cambio constante; los pasos para transitar de una etapa a otra implican acomodos emocionales, sociales, físicos, intelectuales, sexuales y económicos, entre otros.

La adaptación a las nuevas etapas de desarrollo genera ansiedad, sensación de pérdida, experiencia de incompetencia e incertidumbre, y temor al fracaso. Las infidelidades que se precipitan ante los trances del cambio tienden a ser esporádicas, pues se recurre a ellas como válvulas de escape ante la tensión que producen las transiciones importantes en la vida de la persona o de la pareja.

Así, en ciertas etapas del ciclo de vida se asoma la infidelidad como una forma de atenuar el estrés de los cambios, dificultades o dilemas que se avecinan. Las personas se sienten particularmente vulnerables en las siguientes transiciones vitales:

- Al inicio de una relación amorosa, cuando se establecen los límites de intimidad y compromiso y se define en qué marco se darán las interacciones de la pareja en construcción.
- En la etapa de consolidación del vínculo, cuando el apego se ha estrechado y se visualiza un camino de larga duración con renuncias aceptadas y beneficios elegidos.
- Con la llegada de los hijos y el cambio de ser solo pareja a convertirse en equipo de padres, transición que impele a un reacomodo de roles, tiempos y preocupaciones.
- Cuando los hijos llegan a la adolescencia; en esa fase los progenitores recrean su propia adolescencia y anticipan la llegada del nido vacío con la partida de los vástagos, así como el declive personal.
- En la etapa de la menopausia o la andropausia, que tradicionalmente ponen en duda el atractivo físico y el desempeño sexual de los adultos maduros. A esto se suman los cambios hormonales propios de esta transición, que se notan con mayor fuerza en las mujeres a los cuarenta años y en los hombres a los cincuenta.
- Al cabo de quince o veinte años de unión y estabilidad conyugal, que, además de sentar una plataforma de seguridad y apego, puede resultar quizá excesiva y detonar una impresión de aplanamiento, falta de novedad y renuncia definitiva a ciertos sueños y anhelos.
- En los años de jubilación, cuando se exacerba la sensación de poca productividad y eficiencia, y con ella el recuerdo de las pérdidas, la amenaza de la cercana vejez, y el temor a la enfermedad y la muerte.

Estas etapas no impactan de la misma forma a todas las parejas, pero sí señalan transiciones con necesidades particulares que desestabilizan el vínculo y conducen a un reacomodo.

2.3. TIPOS DE INFIDELIDAD

Si bien el descubrimiento de una infidelidad casi siempre es doloroso y perturbador, hay infidelidades que son más tóxicas: abusivas, lastimosas, descuidadas, descaradas y ventajosas para un solo miembro de la pareja.

Estas aventuras pueden ser brutalmente destructivas no solo para quien las actúa, sino sobre todo para el cónyuge afectado, la relación de pareja, la familia, incluso el sostenimiento de un trabajo. Los motivos de estas infidelidades tóxicas pueden hallarse en una autoindulgencia inmadura, un hedonismo supremo o un abuso de poder.

Existen, sin embargo, otros tipos de infidelidad que, a pesar del estigma moral que pesa sobre ellos, y con todos sus dilemas, pueden favorecer el crecimiento.

Algunas infidelidades pueden beneficiar a la persona y a la pareja por cuanto liberan tensiones, permiten un conocimiento personal, facilitan la expansión de la dimensión humana, aumentan la experiencia de vida, reavivan la relación de pareja, o ayudan a la resolución de conflictos o a renegociar el modelo imperante de la relación.

Así, sea cual sea la motivación de una infidelidad, cuando esta apunta al crecimiento puede desembocar en cuatro escenarios posibles:

a) ***Revitalización de la persona que la experimenta.*** Alguien que tiene relaciones sexuales extraconyugales buscando, consciente o inconscientemente, su desarrollo personal, atravesará la experiencia con mayor o menor estrés, culpa y gozo, y podrá reinventarse como individuo o se permitirá soltar yugos del pasado, afirmar su valía, integrar sus contradicciones y regresar a la relación primaria con menores cargas, quejas, confusiones acumuladas, y una mayor convicción de su compromiso y permanencia en ella.

b) *Revalorar a la pareja.* Somos seres imperfectos y sobre la marcha aprendemos a actualizar nuestras creencias sobre el amor, la vida de pareja y el funcionamiento del mundo. Los tropiezos nos facilitan comprender, o al menos a integrar, dilemas complejos de nuestra humanidad, así como a resolver algunos problemas cotidianos. Al iniciar una relación amorosa no todos contamos con las herramientas adecuadas para entendernos, acompañarnos y manejar nuestras frustraciones y diferencias. Desde esta mirada, detonar una crisis en la pareja con una infidelidad puede activar una revaloración y actualización del vínculo primario: valorar a la pareja, trabajar en aspectos antes descuidados, revisar las propias necesidades y frustraciones, pero también las omisiones y negligencias, reactivar los proyectos conjuntos, aprender a escuchar y a confiar de nuevo, y sobre todo constatar que se elige estar en la relación amorosa buscando la manera de vivificarla día con día, conscientes de que no hay nada seguro en la vida ni en el amor.

c) *Lograr un equilibrio.* Hay buenas relaciones de pareja que implican a mucho más que dos, como dice la canción: a veces hay tres o más personas involucradas. Ha de asumirse que nadie puede colmar las necesidades del otro y que la existencia de terceros satelitales –acordada implícita o explícitamente– puede conducir a un ajuste saludable para la relación primaria. Las aventuras y los amantes pueden complementar la vida de pareja al ofrecer lo que el cónyuge no puede ni quiere aportar, y contribuir así a preservar la relación. No se trata de sostener lo insostenible con evasiones y traiciones, sino de conservar lo valioso sin orillar a renuncias, sacrificios o represiones innecesarias. A veces la pareja intuye o conoce las relaciones fuera de la pareja, mientras que otras veces prefiere no saber. Del mismo modo, por diferentes razones, quien actúa la infidelidad puede desear secretamente que su pareja descubra que le es infiel. En ambos casos son fundamentales el cuidado y la discreción, así como la disposición a hablar del asunto cuando se sobrepasen ciertos límites y las circunstancias rebasen lo que el corazón y la relación pueden aguantar.

d) *Una puerta de salida.* En ocasiones el miembro inconforme con la vida de pareja no puede o no sabe cómo darla por terminada y se ve impulsado a buscar a alguien que le ayude a salir, ya sea porque lo descubran o porque el encuentro con el tercero o tercera le confirme que su relación no responde a sus necesidades actuales y por lo tanto no hay futuro posible. Cuando esto pasa es porque la pareja no va bien, hay desencantos continuos y conflictos crónicos, pero el cónyuge que quiere retirarse no tiene el valor de hacerlo de manera frontal.

2.4. LA INFIDELIDAD NO ES PARA TODOS

Hay personas interesadas en tener una vida en común con alguien más, pero que no creen en la monogamia como conducta natural ni como valor moral, y no están dispuestas a pagar el costo de una exclusividad emocional y sexual. Estas parejas distinguen entre fidelidad y exclusividad sexual y pactan acuerdos amorosos más abiertos. La decisión es difícil, aunque también la fidelidad lo es. ¿Podría resultar sencilla, recomendable y sostenible una vida sexual exclusiva por los siglos de los siglos con una sola persona?

Entender el complejo fenómeno de la infidelidad desde diversas miradas permite ampliar nuestro panorama. Observemos las explicaciones que damos a los demás y las que nos damos a nosotros mismos. Cambiar un discurso respecto a este tema abre a otros cuestionamientos y a la larga puede llevar a tomar acciones diferentes ante esta realidad.

No se ha demostrado que la fidelidad dé como resultado una vida de pareja feliz: a lo mucho contribuye a la construcción de relaciones solidarias y más o menos duraderas, pero no necesariamente funcionales y satisfactorias. Tampoco está comprobado que la infidelidad nos haga malvados e infelices. Lo cierto es que puede producir culpa, arrepentimiento y mucho dolor.

De cualquier modo, la existencia de terceros representa una amenaza directa a nuestro sentimiento de pertenencia y confianza dentro de la pareja. No cualquiera tiene el temple para vivir esa transgresión. Aun así, hay infidelidades que pueden complementar una relación tradicional cuando la persona que la realice cumpla con ciertas condiciones:

- Puede distinguir su implicación en la aventura –sin descuidar ni abusar del amante– de su matrimonio, su familia y su vida cotidiana. Reconoce que habita dos espacios con papeles, tiempos e involucramientos diferentes, sin por eso tener que ser frío o poco afectivo.
- Puede disfrutar de los elementos sexuales y sentimentales de una relación de amantes sin engancharse a ella como una adicción que le impida estar presente en los otros territorios que conforman su vida, particularmente su pareja base.
- Sabe que la pasión no es sinónimo de amor. Esta distinción no exenta a los amantes de involucrarse cada vez más con el paso del tiempo, ni de desarrollar un tipo de apego que llegue a competir con el amor a la pareja primaria.

- Puede hacer frente a la culpabilidad sin tener que volcarla en la pareja y asume responsabilidad en caso de ser descubierto.

Por más que despreciemos la infidelidad, nadie está exento de esta experiencia; no podemos moderar las posibilidades de vivir una aventura controlando todas las situaciones de las que formamos parte, ni la vida del ser amado.

Si bien el modelo de sociedad en el que vivimos facilita la extraconyugalidad, en tanto que la reconoce y acepta con mayor legitimidad, solo el autocontrol emocional –si consideramos que la experiencia puede ser inoportuna y destructiva– facilita la renuncia voluntaria.

Quizás el mayor reto en las aventuras amorosas sea, justamente, ser capaces de actuar desde la responsabilidad.

No mentirnos en cuanto qué manda a quién: ¿nosotros mandamos sobre la infidelidad o ella sobre nosotros? Porque no se trata de ser infieles pero esclavos de la experiencia, sino libres para aceptar o rechazar el reto. A mayor madurez, mayor responsabilidad; a mayor madurez, menos pero mejores infidelidades: menos cantidad, mayor beneficio, cuidado y calidad.

No quisiera terminar este capítulo dejando a los lectores con la impresión de que me interesa promover la infidelidad. Lo que trato de mostrar es que solo partiendo de un planteamiento menos rígido de lo que entrañan el amor, la vida de pareja, el deseo y los diversos comportamientos sexuales, podremos abordar, entender, matizar y manejar un asunto tan complejo y delicado.

CAPÍTULO 3

DEL DRAMA DE TELENOVELA A LA COMPLEJIDAD DEL AMOR

Te quiero como eres. Tal vez no respondes a lo que yo esperaba, pero prefiero tu realidad a mis sueños.

COMTE-SPONVILLE

Pocos temas conmocionan tanto al ser humano como los relacionados con su dimensión erótica, el ejercicio de su sexualidad y su capacidad de amar y ser amado; si se adereza el asunto con encuentros extraconyugales, amores prohibidos, citas clandestinas y pasiones desgarradoras, la cuestión impele una exploración acuciosa al territorio del amor.

Basta con mirar nuestro entorno para dar cuenta del bombardeo de los medios de comunicación y de las redes sociales que nos muestran que las relaciones se han convertido en la gran preocupación de la época: dentro y fuera de una relación comprometida, con o sin resbalones o pactos de extraconyugalidad, el sexo, el erotismo y el amor son experiencias que dejan huellas indelebles en la psique, en el cuerpo y en la manera de concebir la vida.

¿Cómo se construyen todas estas posibilidades erótico-afectivas que permiten vivir una gama variada de opciones relacionales? ¿En qué se sustentan su existencia y su extinción? ¿Cómo hacer las distinciones necesarias para no perjudicar al cuerpo, al alma y a veces hasta al vecino del 32 en nuestros encuentros? Parte de la respuesta pasa por el autoconocimiento y por entender de manera personal la etapa de vida que se atraviesa, la estructura del carácter personal, el llamado de las necesidades, las tareas pendientes que se han ignorado, así como la capacidad de descifrar las aspiraciones relacionales y las posibilidades al respecto. En otro nivel, es necesario distinguir las diversas dimensiones del fenómeno erótico-amoroso para explorar sus diferentes territorios con mayor conciencia, libertad, cautela y responsabilidad.

Una infidelidad no puede verse solo como una aventura –si bien en ocasiones se podría catalogar como tal– que nada tiene que ver con la psique, con la visión personal del mundo y con las vulnerabilidades individuales. Nuestra dimensión afectiva y erótica implica la intersección de procesos emocionales, fenómenos bioquímicos, conceptos personales y mandatos sociales, por lo que identificar la extraconyugalidad únicamente con el sexo sería limitar sus posibilidades de generar tanto sufrimiento y caos, a la vez que goce y redención.

Para ello hemos de reconocer nuestra dimensión sexual como la base de nuestra construcción como especie humana, y también distinguir el sexo del erotismo, del enamoramiento y del amor, en tanto que, como seres culturales que somos, no solo nos rige la biología. Comprender la complejidad de la infidelidad requiere adentrarnos en ciertas dimensiones del fenómeno erótico-amoroso.

3.1. ANTROPOLOGÍA DE LA RELACIÓN DE PAREJA

A lo largo de cientos de miles de años, nos hemos construido como la especie que somos, gracias a la evolución de la sexualidad. Si nos situamos en el África Ecuatorial hace varios miles de años, y sin saber a ciencia cierta por qué motivos, observaremos que un tipo de primates decidió bajar de los árboles. Desconocemos qué llevó a estos ancestros a actuar así: tal vez cambios en las condiciones climáticas o alimenticias, quizás curiosidad mamífera. Y, una vez abajo, ¿qué fue lo primero que vieron? ¡Nada! Su postura cuadrúpeda con la crecida altura de la hierba les impedía la visibilidad. Al bajar de los árboles inició la transformación de su estructura ósea con el fin de permanecer erguidos. La postura bípeda fue un avance muy práctico, pues liberó las manos, facilitó la recolección de alimentos y permitió explorar los espacios con más seguridad.

Aun así, las ventajas de convertirse en bípedo conllevaron desventajas mecánicas. En particular con la postura erguida, las vísceras imponen un peso sobre la pelvis, la cual obliga a sus huesos a cerrarse para evitar la caída gravitatoria de las mismas. Al estrecharse la pelvis, el canal del parto se hace más angosto y ello repercute en la salida de las nuevas crías. Al mismo tiempo, aumentó la masa cerebral y, en consecuencia, el tamaño del cráneo. Ambas cosas hacen que los seres humanos tengan que nacer antes de lo que sería lógico para un mayor estado de madurez fisiológica y cerebral, puesto que de otro modo no cabrían por el canal de parto, pero nacen muy inmaduros en comparación con otras especies y necesitan muchos más cuidados durante un periodo más largo.

La ampliada época de crianza tuvo consecuencias: se extendió el lapso de intercambio entre el infante y los progenitores, quienes le trasmiten más información: la herencia cultural adquiere un importante papel sobre la herencia biológica. Por otro lado, la hembra requiere cierta protección y seguridad mientras se lleva a cabo la compleja y prolongada crianza.

El estar erguidos también lleva a los seres humanos a tener sexo cara a cara: se comienza a sentir gusto por unos más que por otros y el periodo de celo desaparece en la hembra humana, lo cual hace que los intercambios sexuales sean frecuentes, y no con el solo fin de la reproducción. Pareciera que ese incipiente emparejamiento cumple la doble función de disfrute y de cuidado a las crías. La dimensión básica de la sexualidad es la plataforma para la generación de vínculos: la presencia del otro, el contacto físico, la cercanía, lo social, los conflictos, las envidias y el amor como fenómeno empiezan a aparecer como propio de lo humano.

3.2. SEXO, EROTISMO, ENAMORAMIENTO Y AMOR

El sexo, el enamoramiento, el erotismo y el amor son dimensiones diferentes del fenómeno erótico-amoroso. Con frecuencia se habla de sexo: «tener sexo, disfrutar el sexo, necesitar el sexo», cuando en realidad nos referimos a distintas conductas que se sustentan en la sexualidad. En sentido estricto, hablar de sexo es hablar de las actividades y el placer que se deriva de nuestro ser biológico, en específico de nuestra genitalidad. Sin embargo, cuando hacemos referencia a nuestra vida sexual, tendemos a pensar en algo más complejo que lo biológico: imaginamos veladas sensuales, posiciones excitantes, fantasías inaccesibles, intercambios seductores. La sexualidad en sí es mucho menos que todo eso, porque rigurosamente el sexo es lo que tenemos en común con los animales: lo instintivo, lo genital, lo pulsional.

La sexualidad es la dimensión sobre la cual se construyen todas estas experiencias: sobre la sexualidad se asienta el erotismo, sobre este el enamoramiento, y sobre el enamoramiento se *puede (o no)* asentar el amor. Muchas veces, al hablar de sexualidad en realidad se hace referencia a eso otro: el erotismo. Esta distorsión es muy común en las charlas de café y en la propia significación de la vivencia erótico-afectiva. Pero ¿qué es el erotismo? El erotismo es la elaboración cultural del sexo, el conjunto de posibilidades que las personas fundan sobre esa realidad biológica.

El sexo, de manera literal, está destinado a la reproducción, por eso es animal. El erotismo, en cambio, está destinado al placer; por eso es humano: el instinto se transforma en placer y el placer en erotismo. El erotismo surge del cultivo de la excitación, de la búsqueda intencionada del placer, de su anticipación. El erotismo es el gozo sexual alejado de ese impulso rápido y sobrecogedor propio de nuestra dimensión biológica y muy característico de la experiencia de descarga del adolescente.

El goce del erotismo es central en cualquier intercambio sexual, de manera particular en una relación amorosa, y por lo general el *sine qua non* de una relación extraconyugal sostenida.

Lejos del artificio del erotismo, el sexo es solo placer rápido –legítimo y válido–, pero limitado, y tiene poco que ver con las relaciones eróticas. La sociedad capitalista se organiza alrededor del consumo. Desde esta perspectiva se consume un sexo físico y genital, pensando que es erotismo o que es amor, cuando no es así. Podemos consumir sexo –viendo al otro como objeto de uso y consumo–, pero no podemos consumir el erotismo porque este es un intercambio entre sujetos, un encuentro entre dos o más personas.

Quizás aquí radica una de las principales paradojas respecto a la infidelidad: catalogar toda infidelidad como «solo sexo», como una deficiencia sexual, como algo animal, implica reducir la totalidad de la experiencia y el encanto de los encuentros que integran algo más que el cuerpo.

Vivir un erotismo emancipador implica desarrollar nuestra capacidad de vivir la vulnerabilidad y la intimidad. Y ser vulnerable, ser íntimo, develarse, arriesgarse por el otro, es algo exigente, algo no animal.

Somos cínicos o mezquinos cuando sostenemos que podemos tener relaciones eróticas sin algún tipo de implicación emocional, por pequeña que sea, si nos consideramos y vivimos como humanos. Cuando así lo creemos, quizá lo que vivimos fue el sexo rápido de una noche de copas; o bien, una relación poco satisfactoria que clasificamos como solo descarga física.

Así como la represión sexual de la era victoriana en el siglo XIX generó la histeria, en el capitalismo en el que vivimos se nos ordena gozar sexualmente sin involucrarnos con el otro: se trata entonces de *consumir personas.* La sexualidad que se practica así deja de ser revolucionaria; por el contrario, nada es más parte de lo *establecido* que el sexo de consumo.

A diferencia de una relación sexual, tras la cual la gente puede sentirse indiferente –incluso hastiada y vacía–, el erotismo, sea cual sea el tipo de compromiso de la relación, deja un buen sabor de boca. Esto no ocurre con el consumo sexual despersonalizado y compulsivo. Cuando lo erótico se deshumaniza se reduce a la genitalidad, y entonces aparecen el hastío, el aburrimiento y el desagrado.

Si el sexo no es erotismo, se reduce a casi nada. Por eso con frecuencia sucede que los encuentros extraconyugales son tan difíciles de terminar: al tratar de minimizarlos como intercambios pasajeros dan mucho más de lo que se encuentra en un buen servicio sexual de paga, o en la experiencia donjuanesca de ir de flor en flor sin desarrollar vínculo alguno.

El acto sexual no es necesario para tener una experiencia erótica integral: el erotismo no es una necesidad fisiológica como el hambre o la sed, sino un deseo que expresa una disponibilidad emocional y, por tanto, física y psíquica. De ahí que haya amantes apegadísimos que comparten un intercambio erótico a través de lo intelectual y emocional sin permitirse el acto en lo sexual.

El placer sexual es el más fuerte de los placeres existentes. La relación erótica en el plano corporal proporciona la experiencia más placentera que se pueda sentir: el orgasmo. Por eso tiene también la capacidad de crear conexiones muy fuertes. Si alguien genera en otro placer erótico, tratará de encontrarlo una y otra vez. Cuando se goza de la experiencia de un placer bilateral, se buscará establecer una relación duradera, sea conyugal o no, capaz de resistir frustraciones y de capotear dificultades. Entonces esta liga tiende a desencadenar otros fenómenos como el apego, el enamoramiento, la intimidad e incluso el amor.

El amor es una experiencia difícil de definir que, en general, comienza con una sincronía química: sería casi imposible amar a alguien cuya piel, cuyo tacto y olor o sabor nos disgustara. Digo *en general,* porque el amor se integra de muchos más ingredientes que el placer compartido del erotismo; y es mucho más que la abrasadora experiencia del enamoramiento. A veces la puerta de entrada es la amistad, el intercambio intelectual, la cercanía emocional; después aparece el deseo de interactuar, la decisión de adquirir conductas de mayor compromiso con la vida del otro; y por último, de mantener relaciones sexuales, aunque no siempre esa sea la evolución final. Si el deseo aumenta, la interacción también, y si la compatibilidad se confirma, con el tiempo, se cristalizará en la relación.

Pero el amor también puede construirse de forma inversa: en lugar de conocernos y tener relaciones sexuales, podemos empezar por lo erótico, y si funciona –si se supera la compatibilidad profunda del olor, de la intimidad, del despertarse con el otro–, podríamos pensar en avanzar a un mayor conocimiento mutuo: ¿armonizan nuestros sueños?, ¿se acoplan nuestras necesidades?, ¿compagina nuestro mundo de intereses y valores?, y si la respuesta es sí, pasamos a iniciar un mayor compromiso también.

Muchas veces hablamos de amor cuando, en realidad, nos referimos al enamoramiento, un sentimiento que vivimos como una experiencia de cambio, de renovación, de creatividad, de fantasía, de bondad, y por el cual idealizamos la visión de nosotros mismos y del otro, eliminando las diferencias. El enamoramiento es una experiencia de fusión y, por tanto, también es la sensación de compartir todo, de ser transparente, seguro, armónico, total: la fusión con el otro hace que en los enamorados se produzcan fenómenos fisiológicos y psicológicos que describen ese particular estado: cambios en la respiración y la musculatura, abandono del control, pérdida de las nociones de espacio y de tiempo, ensoñación e irracionalidad; en síntesis, una experiencia de transformación y locura.

En el enamoramiento, el inicio de la relación surge, sobre todo, a partir de las percepciones. Nos enamoramos de un gesto, de una mirada, de un color de piel, de un sabor, de una palabra, de unos ojos, de una boca, de unos pechos, de una idea, de una opinión. La tarea de convertir ese enamoramiento en amor supone pasar del plano imaginario, dominado por las percepciones, al plano simbólico, dominado por el lenguaje y las acciones con relación a ese lenguaje.

El amor ocurre en la acción; el enamoramiento, en la mente.

La relación basada en el enamoramiento nace siempre sobre un volcán de pasiones, ansiedades, miedos, anhelos y un alto contenido emocional. Si el enamoramiento es total, esto implica una profunda distorsión de la realidad del otro. Y ese otro podría ocultar precisamente aquello que más odiábamos y más temíamos. La fusión de identidades, con el paso del tiempo y con la interacción constante, se vuelve insostenible. La represión no es posible por más tiempo, y, pronto, incluso dramáticamente, el amado puede convertirse en una decepción y, a veces, en alguien odioso.

Las personas que más necesitan el amor son las que más sufren al enamorarse, porque se equivocan en la elección y establecen vínculos neuróticos que se diluyen muy rápido, o bien generan relaciones de dependencia, por eso se enamoran más los que no se sienten bien: los deprimidos o angustiados, aunque no lo sepan.

Eso explica que los grupos sociales más vulnerables sean los adolescentes y los cuarentones, quienes en general se sienten más inseguros. El enamoramiento nos ocurre, es ciego; el amor no, se construye, mira y elige.

Lo erótico ha existido siempre, los contratos también, y, desde luego, el apego también. Hemos dicho al inicio de este capítulo que la especie humana se ha constituido por esa *pegajosidad* que nos caracteriza. Pero el amor como concepto y como realidad es un fenómeno relativamente nuevo. ¿A qué nos referimos entonces cuando hablamos de amor?

Pareciera que el amor es algo universal y eterno, y comúnmente se ignora que el amor, al menos tal y como lo conocemos en Occidente, se desarrolló alrededor del año 1000 en la actual Provenza francesa. En esa época, tras la epidemia de la peste en Europa se quería conquistar Jerusalén. Los hijos de familia que no iban a la guerra se quedaron en casa escribiendo poemas y cantando a las damas. Surge así el *amor cortés:* una relación en la que por primera vez en la historia un hombre puede decidir querer a una mujer sin pasar por la mediación divina y la elección familiar.

Con el tiempo, el amor unilateral del caballero a su dama empezó a adquirir una naturaleza recíproca: que el amor pudiera ser compartido, que dos personas pudieran sentir un deseo común, fue, en ese momento, una idea revolucionaria.

Esto resultó peligroso porque el amor es transgresor y le basta poco para sobrevivir; así, apareció el Concilio de Trento, que transcurrió de 1545 a 1563, en el que vincula el amor que se tenían un hombre y una mujer con el sacramento del matrimonio. La influencia del cristianismo en este sentido fue decisiva para la transformación de esa reciprocidad, producto del deseo, en una relación que pudiera encajar en un dispositivo matrimonial.

Entender la novedad histórica que implicó la construcción de un amor libre, recíproco y romántico, explica mejor que en las sociedades occidentales aún se persiga la idea de lograr relaciones totales donde la pareja llegue a ser el mejor amigo, un gran amante, un excelente padre, un par intelectual y un compañero emocional. Se espera tanto acoplamiento y unión –en tanto la elección no ha sido impuesta– que si se frustra dicho propósito se genera una inmensa decepción. Tantas expectativas puestas en la persona elegida hacen pensar que, si no ocurre tal prodigio, es porque algo faltó o falló, en uno, en el otro o en la relación.

Por eso en ocasiones las infidelidades se sustentan sobre la creencia de que se puede completar lo que no hay. Pero como el amor se basa en el deseo, y el deseo es inagotable, aun los buenos amores son incapaces de darnos todo, y es que el amor adulto es parcial y por eso siempre nos dejará un poco insatisfechos.

Agreguemos que no todos requerimos ni esperamos lo mismo; por tanto, no vivimos igual el amor; más que definir *el amor,* tendríamos que hablar de *amores*. La experiencia amorosa incluye algunos componentes básicos: compromiso, cierto enamoramiento, diversión, mutualidad, erotismo, domesticidad, racionalidad, apego, unicidad, apariencia. Pero no todos requerimos siempre todos los componentes, ni a lo largo de la vida les damos el mismo valor.

La satisfacción o insatisfacción amorosa no solo tiene que ver con que estén presentes los componentes de nuestra preferencia, o con la intensidad y combinación de los mismos. Las expectativas falsas que construimos a lo largo de la vida sobre el amor –con base en nuestra historia personal, en nuestras experiencias amorosas previas y en las añejas ideas románticas que prevalecen sobre el mismo– hacen que esperemos un tipo de entrega, de incondicionalidad, de algo sublime, que en la vida ordinaria difícilmente se puede dar. De ahí la importancia de cuestionar algunas creencias que en general se dan por verdaderas y provocan que la teoría que tenemos del amor se estrelle contra la realidad.

Creencias falsas sobre la experiencia amorosa

Estas son algunas creencias comunes que pueden circular en revistas, novelas, telenovelas y películas, que invitan a una idealización de la experiencia amorosa:

- ***El amor es servicio, es hacer algo por alguien.*** Si tú te entregas al otro, y pones sus necesidades y su persona antes que a ti, el amor perdurará.
- ***El amor es eterno. Se basa en la premisa:*** si el amor es verdadero, no se acabará nunca. Las personas que se han casado mediante el rito católico habrán oído esta afirmación. Y si la relación no va bien, la propuesta es aguantar, porque después recibirás tu recompensa.
- ***El amor es incondicional.*** No hay amor incondicional; si acaso, el de una madre a su bebé los primeros días de su vida; y eso no en todos los casos. Estamos con alguien porque esperamos algo. El amor es un intercambio que implica una mutualidad.
- ***El amor está en tu media naranja.*** Se cree, a veces, que uno elige a la pareja que tenía predestinada, con la que encaja y que, por tanto, ha sido la única buena elección posible. Pero ¿qué pasa si la media naranja vive en China? ¿Cuál es la opción? ¿La soltería? Uno puede tener una buena relación amorosa con muchas personas, pero en general habrá que elegir una entre varias.
- ***El amor te completa.*** Se piensa que se tiene que encontrar a alguien que sea complemento de lo que nos falta, como si cada persona fuera un ser incompleto.
- ***El amor es un sentimiento.*** Los sentimientos son gratos y complementan el intercambio amoroso, dan razón de la experiencia que se está viviendo y muestran que la relación satisface algunas necesidades. Pero el amor es más que eso: también es razón y voluntad.

- ***El amor se da en el matrimonio.*** Como si el amor debiera conducir a la unión estable de la pareja y constituirse en la base del matrimonio o, al menos, en la convivencia domiciliaria. Según este prejuicio, el amor debe estabilizarse en un modo institucional y en forma de convivencia familiar. Esta creencia omite el hecho de que el deseo por el otro se alimenta de cierta ausencia y de que no necesariamente la unión estable es el único camino para el amor.
- ***El amor no existe sin enamoramiento.*** La razón más aceptada para formar pareja es estar enamorado. El enamoramiento es un estado *alterado de conciencia* donde en realidad no se dirige el amor hacia la otra persona, sino a la imagen idealizada, una imagen en la cual se proyecta lo mejor de uno mismo y que genera una sensación de fusión. Cuando las diferencias caen por su propio peso, viene la desilusión, el enamoramiento sale por la ventana y la relación por la puerta. En el mejor de los casos, lo que ocurre es la construcción del verdadero amor. Por lo anterior, casarse o comprometerse enamorado es un error; habría que esperar a que pase esta etapa de idealización para tomar una mejor decisión.
- ***El amor es monógamo.*** También se piensa que no es posible amar a dos personas simultáneamente, porque el amor auténtico solo puede sentirse por una persona. Cuando la experiencia muestra que eso puede ocurrir, se enfrentan descalificaciones y se interpreta como signo de alteración mental o como prueba fehaciente de que quizá no se quiera a ninguna de las dos personas. Se espera que todos los deseos pasionales, románticos o eróticos se satisfagan exclusivamente con una pareja: es el prejuicio de la exclusividad. Hoy existen comportamientos que desafían la idea de amor total: nadie puede satisfacerte por completo, por eso existen diversas posibilidades, desde amor exclusivo monogámico

hasta el poliamor, pasando por distintos tipos de modelos amorosos.

Estas ideas estereotipadas del amor son más proclives a chocar bruscamente con la realidad amorosa, causando frustración y sufrimiento. Por eso, para reconocer el amor, tendríamos que ver más los efectos de la experiencia en nosotros que su afinidad con creencias románticas implantadas desde exterior.

Algunos elementos que hablan de un buen amor son:

- *Aporta serenidad:* una relación que quita la paz, estresa y perturba más de lo que tranquiliza, no es amor. El amor genera una viva quietud y contención.
- *Abre opciones de vida:* la relación con el otro amplía horizontes, abre puertas, aumenta mi mundo de posibilidades. Un amor que limita –que impide desarrollar las propias capacidades, utilizar los recursos personales, disfrutar los intereses propios y vivir los valores personales– no es amor.
- *Genera placer:* placer en general –diversión, disfrute, alegría– y placer erótico en particular. La compañía del otro aumenta el goce de mi existencia, por tanto, busco y no rehúyo su presencia y compañía.
- *Favorece experimentar la ternura:* los seres humanos podemos ser agresivos, pero cuando amamos a alguien sentimos una suavidad y delicadeza compasiva y empática por el otro. Sentimos el deseo de cuidarlo y de expresarle nuestro afecto. Lo contrario sería disfrutar sus malestares y sufrimientos.
- *Aporta madurez:* el buen amor nos lleva a crecer, a enfrentar desafíos, a conquistar la autonomía, a expandir nuestros límites y a vivirnos más fuertes, más sabios, más competentes para afrontar los retos de la vida y tolerar las frustraciones.

- *Integra la transgresión:* la naturaleza del amor es poco convencional, no requiere de mucho para sobrevivir. Se opone a lo establecido, provoca lo común y corriente, es desobediente. Una pareja que tiene un amor vivo no se adapta fácilmente a la norma social.

Hablar de amor es hablar de cierto misterio: si su naturaleza no fuera incomprensible, no habría miles de manuales para tratar de encontrarlo, entenderlo, asirlo y domesticarlo.

3.3. EL DESEO Y SUS ALTIBAJOS

Quizá la base general de la experiencia humana sea nuestra capacidad de desear: ser humano es ser *deseante*. Siempre estamos deseando algo.

Podemos entender el deseo como un flujo constante que parte de nosotros hacia fuera. Por medio de este nos vinculamos con lo que nos rodea. Los objetos del exterior, al ser impregnados por nuestro deseo, se vuelven significativos, amables, personales.

El deseo es inagotable.

A más deseo, más deseo, más… La capacidad de desear es infinita, lo cual desencadena un sinfín de realidades humanas. Por eso desear es difícil, pues el acto de desear inaugura un mundo de incertidumbre, desobediencia e intensidad.

Desear es querer poseer algo, pero como el deseo nunca se colma del todo, a diferencia de una necesidad, al final nos deja insatisfechos. Las necesidades, en cambio, se pueden satisfacer.

Yo puedo tener necesidad de comida, de sexo, de poder, de dinero, y con mayor o menor trabajo y empeño puedo satisfacerlas si las condiciones son adecuadas. Podríamos argumentar que hay personas que nunca las satisfacen, por las razones que sea, pero en teoría es posible satisfacer todas las necesidades.

Las demandas son diferentes, se separan de la pura necesidad a través del deseo, siempre inagotable. Las demandas humanas son floridas, variadas, voraces, llenas de significados, erráticas, y este es justo el territorio del amor. La demanda se dirige a otros sujetos, no a objetos, y siempre remite a una petición de amor, por eso nunca se puede saciar. No hay un objeto concreto al que se dirija que haga que esta pueda ser satisfecha del todo.

Se ama porque se desea, no se desea porque se ama.

Una hermosa definición del amor nos dice que «el amor es lo que nos deja inconsolables». Y sí, el amor no es una necesidad que se satisface: es una demanda, una demanda que hacemos a otra persona, algo que le pido y que nunca llegaré a tener del todo.

Como el amor es inagotable y no podemos poseerlo, demandamos siempre más: más tiempo, más actividades, más cuidados. Es inasequible, al igual que el deseo, y aquí vienen los problemas. Ocurre que, a veces, hacemos demandas de amor como si fueran necesidades que se pueden satisfacer y, como no es así, devienen frustración.

Colocar al amor en el plano de la necesidad nos impulsa a pedir amor, necesitar amor y querer que nos lo den de forma integral, completa. Al enfrentarnos al hecho de que eso es irrealizable nos sentimos en falta, pensamos que hemos hecho algo mal, o bien que el otro está en falta y algo hace mal: no nos da el amor que queremos.

Ante esta realidad se abre entonces la posibilidad o la sospecha de que otro, un tercero, sí aporte, o de que con esa persona sí podamos obtener lo que queremos y no tenemos. También es posible que uno de nuestros mayores deseos sea *ser el deseo de otros;* es decir, ser el objeto de deseo de otras personas. Y quizá sea verdad que ser objeto de deseo sea la distancia más cercana a la que podamos encontrarnos de la infinitud, de la permanencia.

El deseo exige lo nuevo, lo transgresor, lo único, lo privado, lo pasional. En las relaciones de larga duración la actividad sexual tiende a declinar con el paso del tiempo: el sexo siempre es más excitante y atrayente con nuevos compañeros. Esto no tiene que ver con que amemos o no a la persona. Mientras deseamos la permanencia y seguridad del apego, también ansiamos la novedad, la aventura y la libertad. Es en medio del reto que implica reconciliar nuestros impulsos y deseos contradictorios, así como del manejo de los dilemas amorosos, donde se abre la brecha que da espacio a las infidelidades.

Durante años, y en particular por la Iglesia católica, el deseo se ha considerado peligroso; por tanto, hay que reprimirlo y contenerlo. A partir de las décadas de los sesenta y setenta, las culturas occidentales han sobrevalorado el deseo como un recurso vital. En la actualidad se considera importante aceptarlo y abrazarlo. El reto de las relaciones amorosas de hoy, en las que la mayor longevidad es la constante, junto con el deseo de gratificación personal, consiste en sostener el deseo y reconciliarlo con el apego, en especial en los casos donde la infidelidad visita de forma perturbadora a la pareja.

Esto es posible, pero no es fácil, pues implica crear contextos para que el deseo se conserve y crezca, aunque sea de manera intermitente. Este desafío requiere integrar el delicado equilibrio entre distancia y cercanía, responsabilidad y libertad, transparencia y misterio.

En una relación presionada y limitada, la rebelión estará al acecho. A mayor represión, más *acting out*; es decir, más deseo de la infidelidad.

El amor requiere la cercanía, mientras que el deseo pervive en la distancia, la duda, el desconocimiento; por tanto, puedo casarme y comprometerme con alguien a quien aprecio, quiero, comparto, elijo y decido compartir y construir una familia y tener proyectos en común, pero el deseo no se casa con nadie. Esta realidad es difícil de negociar: el dilema entre lo doméstico y lo erótico no está resuelto. Y la posibilidad de incluir en mi repertorio erótico-amoroso a más de una persona se convierte en una posibilidad, quizá, más aún, en una realidad compleja y deseada. A esto se suma el mito de la monogamia, del cual hablaremos en el siguiente capítulo.

3.4. EL AMOR Y EL MATRIMONIO

La contradicción en la convivencia de una pareja, entre tener seguridad y gozar de la pasión y la novedad, nos obliga a reconocer las diferencias entre los ingredientes que el amor requiere para sobrevivir y los que necesita para sostener la institución matrimonial.

Si bien de unos siglos para acá hemos intentado compaginar amor y matrimonio bajo el mismo techo, ambos espacios necesitan condiciones diferentes para subsistir. Ni uno ni otro es mejor o más deseable, simplemente son diferentes. Tanto el amor como el matrimonio pueden ser oportunos, dependiendo de lo que se espera de una relación; pero ambos, y al mismo tiempo, son difícilmente conjugables y compatibles entre sí.

La lógica del amor y del matrimonio

¿A qué se debe esta saturación matrimonial y el desencanto que produce en los amantes? Hemos de entender que el amor y el matrimonio pertenecen a lógicas distintas: el amor es una relación; como tal, se genera en el intercambio y la convivencia de los amantes. El amor lo construyen las personas que integran ese intercambio y no se somete a normas preestablecidas ni a reglas fijas.

El amor pertenece a una *lógica intersubjetiva* basada en la libertad, el cambio y la novedad; requiere de la igualdad para subsistir: implica posiciones de poder y de oportunidades parecidas que eviten la dependencia de uno y otro amante y que permitan la libertad y el intercambio creativo de identidades. El amor requiere de cierta opacidad, de cierto ocultamiento y distancia: saberlo todo, asegurarlo todo y conocer de más, lo marchita, lo apaga. Así, en el amor se favorece lo privado, se estimula el erotismo y se integra una buena dosis de transgresión de lo establecido y del orden social. Sobra describir a una pareja de «amorosos», como les llama Jaime Sabines, que pueden desafiar horarios, intereses familiares, costumbres y normas, por conservar y hacer crecer su relación intersubjetiva.

Por su parte, el matrimonio es una institución y pertenece a una lógica social. Como institución está sometido a derechos y deberes: requiere normas claras, horarios, y usos y costumbres aceptadas. Implica convivencia domiciliaria: compartir el mismo techo, la misma mesa... y con ello, hijos, familias, mascotas, hipotecas y demás.

Como institución, el matrimonio requiere certezas «totales» y una estructura clara –a veces desigual– con diferencias de roles, actividades, responsabilidades y funciones. El matrimonio está basado en la certidumbre: se sabe qué pasará, con quién, cuándo, cómo y dónde; esto, al tiempo que lo hace predecible y «seguro», lo encierra en la rigidez de la rutina al llevar a sus integrantes a la monotonía y a la saturación. También está regulado por la ley: hay deberes que cumplir y derechos por exigir, lo que deja poco margen a lo desconocido y a la implementación de nuevas normas y creaciones.

Desde estas distinciones podemos entender que el amor y el matrimonio requieren condiciones diferentes para existir. De aquí que no sea poco común encontrar parejas que se casaron enamoradas y convencidas de la elección amorosa que hicieron, y al paso del tiempo se les agota el amor.

Las parejas casadas reconocen pocas veces el mecanismo institucional en que se encuentran y las consecuencias de dejarse atrapar por lo que marca y señala el *deber ser* del orden social. De este modo, la pareja se convence fácilmente de que sus problemas maritales se deben a una disfunción interna, a una falta de amor o a la presencia de un tercero. Una pareja que atraviesa este *impasse* puede sentirse también defectuosa, fracasada, injusta o enferma: aparecen los reclamos y la lluvia de culpas –hacia sí mismo o hacia el compañero–, lo que los lleva a caer en un círculo vicioso de exigencias, demandas, reclamos, celos y, no pocas veces, también de violencia.

Más que una molestia entre los cónyuges, esas conductas dejan ver la simple y tan peligrosa rutina: las labores cotidianas, los deberes y la falta de deseos y metas en común, que aumentan la cifra de matrimonios enfrascados en hacer lo que se espera de ellos.

Llegados a ese punto, la pareja convertida en institución matrimonial trata de capotear su realidad con dos estrategias distintas, ambas peligrosas: se deja influir en extremo por el ambiente que le rodea, introduce un exceso de amigos, familia, etcétera; o bien se encierra en sí misma por temor a perderse, y exige que el otro satisfaga todas sus necesidades. En ambos casos lo que se sacrifica es el amor, ya que la verdadera satisfacción de los amantes se da a través de la riqueza de su relación; dentro del mundo, sí, pero en un sentido al margen del mundo también.

La desgracia, y también la compensación, es dar entrada a las familias extensas que, de una u otra forma, irrumpen en la pesadez y la monotonía diarias, al tiempo que los enmarcan en un esquema de «hijos perennes», lo que hace aún más difícil que se vivan como hombre y como mujer. Cuando el amor se mantiene vivo, la relación de pareja tiene para los amantes más importancia que el entorno social; esto se deja ver cuando se dedica menos tiempo, energía y motivación a algo claramente doméstico, más convencional o básicamente productivo, lo cual siempre pesa más que el encuentro amoroso mismo. Por el contrario, las parejas ya empobrecidas en su interior se llenan de ruido para evitar el vacío que se impone al encuentro muto.

Quizá capotear esta contradicción implica trabajar en esas acciones que pueden salvar la distancia necesaria entre la pareja para que prevalezca el misterio del otro, y pueda circular y renovarse el deseo entre los dos. Tal vez por eso algunos nuevos modelos amorosos evitan la convivencia domiciliaria y abren la puerta a una construcción amorosa más arriesgada y desafiante, pero al mismo tiempo más estimulante, en la cual la distancia del otro y la espera del encuentro mantiene vivo el deseo.

CAPÍTULO 4

MONOGAMIA

De sobra sabes que eres la primera,
que no miento si juro que daría
por ti la vida entera,
por ti la vida entera,
y sin embargo, un rato cada día, ya ves,
te engañaría con cualquiera,
te cambiaría por cualquiera.

JOAQUÍN SABINA, «Y SIN EMBARGO»

4.1. BIOLOGÍA O CULTURA

Nadie ha demostrado que la monogamia sea inherente a la especie humana, aunque sí se ha estudiado lo contrario. Empecemos por hacer algunas precisiones y por definir la palabra *monogamia* como la condición, regla o costumbre de estar en una relación comprometida con una sola persona: tener un solo cónyuge.

Es común el debate sobre si los seres humanos somos monógamos o no por naturaleza, queriendo con tal reflexión avalar o desbancar creencias, preferencias, e incluso prejuicios en cuanto a la necesidad o decisión de adoptar comportamientos de exclusividad sexual en la vida de pareja.

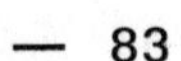

Para entender el comportamiento humano hemos de afirmar que mucho de lo que somos y actuamos como especie es producto de nuestra cultura: comportamientos que se instalan a lo largo del tiempo en respuesta a factores condicionantes sociales, religiosos, económicos, jurídicos y políticos del momento. Lo biológico pesa, claro, pero somos la mezcla de naturaleza y cultura.

Los acuerdos monogámicos son eso: acuerdos, y tienen su origen en una evolución del orden socioeconómico y no en una condición propiamente antropológica: más que un valor humano intrínseco, o que un imperativo de nuestra dimensión biológica, la monogamia es resultado de imposiciones externas que les dieron forma a las sociedades de antaño, y a las que hoy conocemos, más que a tendencias naturales.

Nuestros antepasados homínidos sobrevivieron caminando, recolectando, comiendo carroña y moviéndose de un lugar a otro; pero fue aproximadamente diez mil años antes de Cristo, cuando los nómadas de la región del valle del Jordán en el Oriente Medio –Jordania septentrional, Israel, Líbano, Siria y Turquía–, a causa de que los veranos se tornaron más cálidos y secos, comenzaron a amontonarse alrededor de los pocos lagos de agua que sobrevivían la sequía.

Los alimentos disminuían y estos grupos empezaron a almacenar los granos que obtenían; para incrementar su abasto, comenzaron a plantar semillas. Aquí se halla la clave de la civilización occidental: la agricultura se inició y se expandió hacia el norte y el oeste al instaurarse la siembra de trigo, centeno y cebada desde las riberas de Asia Menor hacia Europa.

El estilo de vida nómada empezó a quedar en el pasado, pues se hacía imposible trasladarse de un lado a otro con pesados cargamentos de cereales y vegetales. Esto dio pie a la aparición del arado (¿quizás unos tres mil años antes de Cristo?), lo cual originó una determinante transformación en la vida de hombres y mujeres.

El arado requería mucha fuerza física, por lo que la mayoría de las tareas de cultivo –antes compartidas por ambos sexos–

las tomaron los hombres; las mujeres perdieron su papel de recolectoras independientes, debido a la supremacía de la labranza para la subsistencia, y empezaron a ejecutar tareas secundarias –cortar maleza, cosechar algo, cocinar–, lo que dio inicio a la subordinación femenina y generó las bases de la vida sexual y social occidental que se caracterizó por la asimetría en la división del trabajo y el control de los hombres de los recursos vitales de la producción.

De las sociedades agrícolas donde la propiedad era comunitaria –hombres y mujeres vivían en grupos que se emparentaban matrilinealmente, la paternidad era secundaria y ambos sexos compartían responsabilidades y vivían en condiciones de igualdad, a pesar de ciertas diferencias de funciones–, surgió la propiedad privada –donde la explotación de la tierra dio entrada al derecho de posesión sobre ella–, la cual dio más poder a los varones por el rol central que ocupaban en su administración, quienes se adueñaron del patrimonio y se instituyó la patrilínea y el patriarcado. Así surgió la familia monogámica: los varones querían asegurarse de que la descendencia era propia, dada la inversión económica y de tiempo que implicaba ganarse la vida y criar a los hijos; por tanto, los padres demandaban la certeza de que su herencia llegara a manos de sus legítimos descendientes.

Si bien antes la jerarquización formal no existía como estructura organizativa en las tribus y en las primeras comunidades, la necesidad de organizar la cosecha anual, almacenarla, distribuir el sobrante, planear la comercialización y demás actividades en torno a estos menesteres se volvió más compleja, la organización política la hizo más jerárquica. Las mujeres pasaron a ocuparse exclusivamente del cuidado del hogar, de atender al marido y de criar a los hijos; no salían sin permiso del marido o sin la compañía de algún otro hombre. En pocas palabras, los hombres necesitaban asegurar la exclusividad sexual de su mujer para verificar que los hijos de ella fueran también sus hijos.

En la centralidad de esta organización patriarcal se encuentra la idea de posesión: tener la tierra, la mujer, los hijos; en síntesis, el poder. La reclusión femenina se dio a través de un confinamiento real que acotaba a la mujer al territorio de lo doméstico y se reforzó mediante leyes y mandatos sociales. ¿Qué conjunto de factores derivaron en la autoridad de un sexo sobre otro?: los hombres como labradores, la necesidad de los cónyuges de permanecer juntos, aldeanos organizados por jefes en el trabajo y las guerras que empezaron para defender los territorios.

Si bien algunos estudios afirman que la testosterona hace que los hombres sean más proclives a la agresividad y al dominio, esta diferencia hormonal no tuvo una función determinante en las estructuras jerárquicas de las primeras tribus, si bien se usó la fuerza física de los varones y se inició cierta diferenciación de funciones.

Los matrimonios comenzaron entonces a darse bajo criterios esclavizadores en la antigua Roma –principalmente en las clases altas– con ese propósito. Había un paralelismo entre la posesión de la tierra y la de las personas: la monogamia se basa en una organización vertical que se monta sobre la propiedad privada. En la cima de la escala social se encuentra el padre, quien tenía derecho sobre la tierra, los hijos y la mujer. Para garantizar que su descendencia fuera legítima, solo él podía tener acceso a su(s) hembra(s). Nadie podía tampoco usar sus bienes ni tocar sus tierras.

Fue la Iglesia, con el Concilio de Trento, la que convirtió el matrimonio heterosexual en acto sagrado para consolidar la ecuación. Las normas sociales impuestas por las instituciones desde antaño favorecieron el estatus matrimonial y la fidelidad a una sola persona, como garantía de la estabilidad de la sociedad, lo que reforzaba la idea de que el matrimonio y la fidelidad eran el camino correcto, lo que «debía ser». Las leyes castigaban con severidad las infidelidades, desde luego con mucha más intolerancia hacia las cometidas por mujeres.

Este paradigma se aplicó –y se aplica– en la mayoría de las culturas. Así, las motivaciones que dieron origen a la idea de la monogamia son particularmente vulnerables, pues no son «leyes de la naturaleza», sino acuerdos sociales.

Los varones inventaron la monogamia para mantener el poder y el dominio sobre sus pertenencias; esto tiene como efecto el acotamiento en un tipo de relación que, además de apuntar a ideales difíciles de lograr, en general produce insatisfacción. Surge entonces una doble moral que abre la puerta a las figuras de la prostituta y la cortesana: vías de escape que permitieran una pseudoliberación y un sexo más pasional y lúdico para los hombres.

Pareciera que se puede ser monógamo por elección, pero no por naturaleza. Aunque la tendencia a formar pareja es natural, al mismo tiempo la inclinación biológica apunta más bien a la promiscuidad. El enamoramiento, la etapa previa al amor, tiene un límite en el tiempo y dura de tres a cuatro años aproximadamente; periodo que corresponde al ciclo completo que nuestros antepasados requerían para reproducirse, y que abarcaba desde la concepción hasta que la cría pudiera defenderse con cierta soltura. En ese lapso se daba un emparejamiento blindado por una especie de monogamia, hasta que desaparecían los efectos narcóticos del «romance», y terminaba la necesidad de la «fidelidad», e incluso del vínculo.

Entre los primeros humanos, la amenaza de muerte prematura explica también la prisa por reproducirse. Fue así que los primeros cazadores tenían que buscar hembras para reproducirse de la manera más segura y expedita, por lo que copulaban con el mayor número posible de parejas. Los machos competían entre ellos para obtener el privilegio de engendrar, pero los costos de la reproducción eran bajos para ellos: fecundar con su esperma. Por su parte, nuestras ancestras tenían que escoger muy bien con quién decidían reproducirse, porque hacerlo implicaba un peligro real de muerte, además de lo demandante que resulta todo el proceso –concebir al embrión, cargar el feto, dar a luz y criar al hijo con poca ayuda–. Las hembras estaban limitadas en el número de hijos que podían engendrar: cada embarazo y crianza toma su tiempo, de ahí la mayor selectividad femenina.

Entonces, ¿por qué surge esa predilección de uno por el otro? Por la necesidad de supervivencia.

Para una hembra era difícil cargar palos, perseguir una liebre o lanzar piedras a un león, aún más cargando a su cría en los brazos. El peligro que representaba para una mujer distraerse al buscar raíces y recolectar vegetales, al tiempo de proteger a su hijo, era alto. Surge entonces la premura de las madres de tener protección y comida extra para sobrevivir ellas y sus crías, y así surge también la necesidad del esposo y del padre.

Recordemos que nuestros antecesores nómadas sobrevivieron caminando, recolectando y comiendo carroña. En estas condiciones, lo machos no podían –como otras especies que vivían en harenes– acumular los recursos necesarios para la supervivencia de muchas mujeres a su solo abrigo. Suponiendo que un macho sí atrajera a suficientes hembras, ¿cómo podría protegerlas a todas al mismo tiempo? Lo que sí podían hacer esos primeros humanos era caminar junto a una sola hembra y tratar de protegerla tanto de los depredadores como de los otros machos durante el celo y, al mismo tiempo, ayudarla a abastecerse de lo necesario y a criar a sus hijos.

Y ¿qué hacía la hembra para garantizar que el elegido donador de genes de calidad, el mejor cazador, el mejor recolector de frutos, se quedara con ella el mayor tiempo posible y asegurara la supervivencia propia y de su cría? La mujer desarrolló una estrategia para seducir al varón y otra para eliminar a sus rivales por medio de la competencia femenina.

Existen tres características sexuales particulares y placenteras para machos y hembras que son sorprendentes peculiaridades del ser humano: capacidad de copular cara a cara, la falta de periodo de celo que les permite copular en cualquier momento y la capacidad orgásmica. Todo esto favorece que la mujer también busque desarrollar su sexualidad, copule frente a frente, establezca vínculos de cercanía e intimidad con un compañero reproductor (o con un amante) y que procure la fertilización para salir airosa en el apareamiento. Esto sugiere que la biología favorece la monogamia, sobre la cual se edificará con el paso de miles de años la relación amorosa, pero más que como un mandato biológico, como resultado de una relación interpersonal.

Esta disposición erótica abre la posibilidad de tener muchas relaciones sexuales; es decir, cuando se puede, se tienen, con el compañero elegido o con otros más. Los machos, de esta manera, se mantenían atentos a otros machos: ¿cómo no imaginar que las hembras se sintieran también atraídas por otros machos simpáticos y atentos, mientras ellos a su vez se sentían atraídos por las hembras más sensuales? Seguramente los machos trataban de evitar los avances de otros, quizá no siempre con éxito: machos y hembras podían escaparse a los pastizales con otros «amigos», aunque fuera la pareja «apareada» la que caminara junta por la llanura, en busca de alimentos, comiendo juntos y protegiendo a sus hijos. La transformación fisiológica de la desaparición del celo dio inicio a la imposibilidad del varón de saber a ciencia cierta si la cría era suya o no.

Si bien esta evolución dio inicio a una «vinculación de pareja», ¿qué necesidad había de que perdurara, si a los cuatro años la descendencia era suficientemente autónoma? Los seres humanos sí estamos diseñados para enamorarnos, pero no para permanecer siempre con la misma pareja.

Así, una mañana cualquiera, alguno de los dos dejaba la banda y se unía a otro viaje con alguien que formara parte de otro grupo. Vemos, pues, que a la flexibilidad de estas primeras tribus nómadas le siguió el sedentarismo, la propiedad privada y la inversión parental, los cuales introdujeron la necesidad de una monogamia permanente.

El vínculo de dos es característico de la especie humana. No necesitan convencernos de hacer pareja, pues nos sale naturalmente: coqueteamos, nos enamoramos, a veces nos casamos (por lo general con una sola persona a la vez). El matrimonio es una parte de nuestra estrategia de reproducción humana, pero los encuentros extramatrimoniales son, con frecuencia, un ingrediente secundario y adicional de nuestras tácticas mixtas de apareamiento.

Con todos los recientes fenómenos sociales que favorecen la autonomía, la libertad sexual, la globalización y el deseo de realización personal, tratamos de vivir rezagos de aquello que nos dio origen como especie humana, pero que se traduce más en monogamias sucesivas que en una monogamia total. Casi podríamos afirmar que apuntamos más a ser polígamos que monógamos. El chip que nos programa para la fidelidad se encuentra en permanente lucha contra nuestro instinto, pues tiene más que ver con el fenómeno químico que se da durante el enamoramiento –donde difícilmente caben más de dos– que con una tendencia de nuestros genes.

En su libro *Anatomía del amor,* la bióloga y antropóloga estadounidense Helen Fisher enfatiza que lo que sí nos caracteriza en comportamientos sexuales es la necesidad de garantizar nuestro futuro genético a través del apareamiento. Así, las conductas de cortejo, galanteo, incluso el casamiento, son conductas de seducción con el fin de reproducirnos. Desde esta perspectiva, la misma Fisher argumenta que el adulterio tiene sentido en la evolución: que los machos difundan sus semillas y las hembras diversifiquen su grupo genético y reciban, al mismo tiempo, más ayuda.

Fisher no es la única antropóloga que considera que no solo los humanos –sino la mayoría de las especies animales superiores– somos polígamos con el fin de lograr una reproducción con mayor diversidad genética. De hecho, con recientes técnicas de detección genética se descubrió que incluso algunas aves, a las que se consideraba monógamas, se escapan por episodios breves de su nido y tienen aventuras con otros pájaros.

Otros antropólogos agregan que los homínidos son una especie donde los machos que tienen mayor cantidad de espermatozoides requieren de varias hembras, quienes solo tienen un óvulo y menos posibilidad de quedar preñadas, para diseminar su semilla, protegerlas y hacer perdurar la especie. ¿Por qué copular con una sola hembra, cuando al copular con varias pueden traspasar más de sus genes a la posteridad?

Puntualicemos el asunto de que el instinto, en este sentido, no favorece la exclusividad sexual, sino que, por el contrario, impulsa las relaciones sexuales fuera del vínculo de pareja. A esto se suman las investigaciones de Fisher y otros antropólogos evolucionistas, quienes han encontrado que los humanos contamos con un equipo biopsíquico que nos permite sentir un profundo apego a una pareja, un amor romántico intenso por otra persona y un deseo de sexo pasional con muchos otros; y que en ocasiones se pueden ajustar estas tres competencias –con menores sacrificios– en una sola persona, pero que generalmente crean una compleja gestión interna.

En las montañas de Ruanda viven dos comunidades de primates muy distintas entre sí, pero muy similares en genética y conducta a los seres humanos. Unos viven en las alturas y se hicieron muy populares gracias a los trabajos de Dian Fossey y la película *Gorilas en la niebla*. Se organizan alrededor de un gorila macho de enorme tamaño y que tiene acceso sexual exclusivo a todas las hembras. También hay otros gorilas macho de menor tamaño y escala jerárquica, que han de esperar a que el macho dominante pierda fuerza para tratar de sustituirlo y tener oportunidad de reproducirse. Es un entorno muy violento, lleno de agresiones, vigilancia y suspicacias que se parece mucho a nuestro mundo patriarcal.

En las faldas de esas montañas viven también unos chimpancés enanos llamados bonobos. Su organización social es muy distinta: machos y hembras son casi del mismo tamaño, no hay jerarquías y todos se aparean con todos –incluso al margen de la naturaleza genital, pues hay muchas relaciones homosexuales–

de tal manera que nadie sabe de quién son las crías, dada su promiscuidad. Eso lleva a que no haya peleas entre ellos, toda la colectividad respeta y cuida a las crías: ¡cualquiera podría ser tu hijo! Todos los individuos tienen acceso fácil a la sexualidad y la reproducción. De hecho, los comportamientos de estos chimpancés pigmeos se asemejan a las conductas de seducción que vemos entre la gente a media calle, o en un restaurante, o al interior de sus casas: se miran a los ojos fijamente, caminan del brazo, se besan las manos, se besan larga y apretadamente, copulan cara a cara y se toquetean los genitales mientras copulan; eso sí, estos bonobos no establecen parejas a largo plazo, ni crían como equipo a la descendencia.

Las conductas de ambos primates representan dos mundos muy distintos, pero viables. No es cierto que biológicamente haya un criterio, una forma, una organización mejor que otra.

Ángeles Mastretta escribe en su libro *Mal de amores* que no es verdad que las mujeres quieran ser monógamas y los hombres polígamos. Más bien, desde la perspectiva de la mujer, lo ideal sería tener tres hombres, uno lindo y tierno para compartir la crianza de los hijos; otro divertido, arriesgado y pasional, y hasta un tercero y cuarto por si se muere alguno de los otros dos.

El adulterio termina siendo fruto del matrimonio monogámico, y si bien este no es para todas las personas el mejor marco para construir una relación duradera, la mayoría de ellas considera la monogamia como el mejor estado, aunque solo algunas pueden ser fieles.

En la actualidad los intereses económicos en el matrimonio han perdido contundencia respecto a los intereses sexuales: la relación duradera sostenida sobre intereses esencialmente económicos en el matrimonio ha migrado a una relación sexual duradera basada en las necesidades afectivas. Es por esto que los modelos tradicionales de hacer pareja se están derrumbando, sin que existan aún modelos nuevos aceptados por la mayoría de nosotros. Aunque se están practicando ciertos esquemas novedosos, siguen siendo de algún modo adaptaciones de ideas o prácticas preexistentes.

Los humanos hemos separado el sexo de la procreación, lo mismo que el amor del sexo, aunque obviamente pueden encontrarse juntos; pero es clara la diferencia con los animales, que tienen sexo para procrear. Nuestras determinaciones respecto de las respuestas sexuales, las relaciones afectivas, la fidelidad y la infidelidad, son mucho más que variables biológicas: es una conjunción de varios factores.

La biología no manda, es el pensamiento conservador el que la malinterpreta para ordenar el mundo como «debe ser», para que coincida con sus propios intereses. La fidelidad no siempre es elegida y aceptada libremente por cada uno de sus componentes y, si se impone, puede rebajarla a un sometimiento, no a una decisión.

4.2. FIDELIDAD Y EXCLUSIVIDAD, LA IMPORTANCIA DE HACER DISTINCIONES

Las relaciones amorosas requieren siempre de algún tipo de contrato al cual los amantes, si quieren cuidar y expresar la mutualidad, fortaleza y unicidad de su relación, deben ser fieles. En este contrato la pareja define asuntos con relación al dinero, la familia, los amigos, el trabajo, la comunicación y el uso del tiempo. Lo erótico y lo sensual, desde luego, quedan inscritos en dicho contrato.

Entendida así, la fidelidad en una relación de pareja se desarrolla a partir del mundo singular que crean los amantes: el núcleo es el propio compromiso entre ellos. La persona fiel es la que cumple con sus promesas y mantiene su lealtad aun con el paso del tiempo y las distintas circunstancias. Los acuerdos han de revisarse, actualizarse, consensuarse, de manera que se actualicen y respondan al presente de la pareja.

Se da por hecho que la fidelidad es lo mismo que la exclusividad erótica. La exclusividad erótica solo es valiosa si se elige de manera voluntaria y no si se adopta para amortiguar el miedo inmanejable, para aumentar las certidumbres de la existencia o simplemente para obedecer a una prescripción social. En los encuentros amorosos el cuerpo, lo sexual y lo erótico generan en los involucrados una experiencia que conmociona a la persona toda y por tanto los vincula; esta experiencia tiende a ser de tal magnitud e intimidad que detona una necesidad de certezas, de totalidad y de exclusividad.

Además de lo dicho sobre la aparición de la monogamia como fenómeno social, es importante preguntarnos de dónde viene ese anhelo de totalidad, fusión y exclusividad que se gesta entre los amantes.

Las necesidades biológicas de los niños exigen, al principio, una relación total y exclusiva con la madre o con quien tenga la función de cuidarlos: dependen por completo de ella y no hay lugar para nadie más. Es esta idea de totalidad la que luego encontramos en las relaciones exclusivas típicas de la monogamia que trasladan esa fantasía infantil a las relaciones eróticas adultas. Toma tiempo entender que no existe el amor total, y que nadie satisface del todo a otra persona; sin embargo, hay quienes sostienen este deseo a lo largo de los años y se acostumbran o quieren tener a su lado a alguien que permanentemente satisfaga sus necesidades.

Sigamos haciendo distinciones: la fidelidad y la exclusividad son un acuerdo, pero no son lo mismo. Podemos concebir una relación fiel en la que se den relaciones extraconyugales y una relación infiel en la que estas no existan. En una vida de pareja debe haber la capacidad de expresar lo propio de las relaciones amorosas: mutualidad, fortaleza, unicidad e igualdad, y lo que podemos o no hacer en relación con lo erótico y lo sexual se define según el contrato amoroso que se establezca.

La fidelidad es una virtud: es positiva y es un requisito en toda relación. La exclusividad es una decisión opcional: no es ni buena ni mala en sí misma.

La infidelidad es el origen de graves conflictos en cualquier tipo de relación humana: ser infiel, por lo general, se califica como malo. Ser o no exclusivo depende de los acuerdos a los que se llegue con la pareja. Hay personas que desean una fidelidad entendida como exclusividad erótica: no sufren por ello más que lo lógico ante toda renuncia; pero ser fiel por no atreverse a pactar algo diferente es triste, cobarde y frustrante.

El problema de la no exclusividad no es una cuestión del daño que produce la conducta sexual en sí. Es traumática porque esa sexualidad ajena a la relación nos amenaza en algo importante: la hombría, la feminidad, la seguridad, la intimidad, la economía, la preeminencia, el orgullo. Todas estas realidades comparten el más grande de todos los miedos que tenemos: la pérdida, el abandono y, de la mano de ellos, la comparación y la humillación.

¿Cómo conciliar estas contradicciones? Nadie nos satisface por completo. Antes o después, pasado el enamoramiento, nos enfrentamos con la imposibilidad de una relación que llene todas las áreas de nuestra vida y todos los matices de nuestra persona. En el mejor de los casos percibimos la sensación de «esto que tengo es bueno, pero falta algo».

La lógica del amor es diferente a la del deseo: se elige como pareja a alguien a quien amamos y con quien queremos compartir buena parte de la vida, pero el deseo no se casa con nadie. Es en este momento cuando es fácil confundirse y culpar al otro de nuestra insatisfacción.

Somos seres complejos, contradictorios y ambivalentes; por tanto, las relaciones demasiado exclusivas y totales llegan a cansar, el interés se pierde y derivan en buenas amistades, no en relaciones amorosas eróticamente estimulantes, pero ser conscientes de esto, cuestionarlo y aceptarlo generan miedo, culpa y humillación. ¿Cómo entender que somos una «multiplicidad de personas» en las que existen intereses, necesidades y deseos que van más allá de nuestro «yo predominante»? ¿Cómo hacer que los distintos «yoes» que nos constituyen puedan expresarse y satisfacerse?

Ya conocemos al caso de Jean-Paul Sartre y Simone de Beauvoir, quienes entablaron una relación no monógama que no se ajustaría ni a los cánones matrimoniales ni a la convivencia domiciliaria. Incluso pactaron un amor «absoluto», cuyo mayor valor sería la libertad, incluida la sexual. Durante el lapso de un primer contrato que duró dos años, Simone de Beauvoir era la relación privilegiada de Sartre, y viceversa: ambos tenían derecho a entrar en la vida del otro a cualquier hora del día y de la noche, y a conocer antes que nadie todo lo que el otro hiciera. Estaba prohibido mentir. «La sinceridad es algo a lo que no puedo renunciar», anotó Sartre por entonces. Pero, al mismo tiempo, tenían la obligación de no preguntar: se sobreentendía que los amores «circunstanciales» eran también fugaces y que ninguna pasión pasajera destruiría su verdadero amor.

La inclusión de un tercero en el plano que sea sugiere la necesidad de contener la experiencia de pérdida y abandono. Precisemos esto. El tipo de amenaza que las relaciones eróticas con otra persona suponen para el cónyuge no está en el sexo mismo: cuando la presencia de un tercero se convierte en humillación, reclamo, engaño o amenaza, el miedo y la herida son muy grandes y, con frecuencia, insuperables. Esto es lo que al final crea los problemas y no solo la inclusión del otro ni las acciones que se ejecuten con él; su presencia puede iluminar una relación amorosa estable y aportar emoción y placer a las personas que lo conforman. Tal vez integrar esta diferencia entre significados y acciones respecto de la no exclusividad sexual es una de las tareas más difíciles de llevar a cabo, debido a que se rompen paradigmas monogámicos que se han arrastrado de generación en generación en las culturas patriarcales. El dilema no es fácil de resolver porque implica la existencia de otras personas con las que se establecen vínculos de diversos tipos.

En nuestra cultura patriarcal las relaciones eróticas con terceros son siempre impactantes ya que, al final, es la dimensión erótica la que da el sentido de unicidad a la pareja. Por eso todo lazo fuera de la relación primaria siempre implica el riesgo de desestabilizarla. Volviendo a Sartre y a Beauvoir, el paso del tiempo mostró la dificultad de la inclusión de los terceros. La misma Simone divulgó los placeres y tormentos de su vida de pareja. El contrato se enterró posteriormente de común acuerdo; sin embargo, Sartre mantuvo romances con mujeres cada vez más jóvenes. Beauvoir lo admitía como una incapacidad para aceptar la edad adulta. Mientras, ella mantenía esporádicas relaciones con otros hombres y otras mujeres, algunas de las cuales eran a la vez amantes de Sartre. De toda esta complicada historia, nos quedamos con la costumbre que adoptaron durante la década de los cincuenta de pasar septiembre y octubre en Roma.

La no exclusividad sexual no es fácil de pactar ni de vivir; además, a mayor inmadurez personal y menor autonomía, más intensa es la sensación de miedo y humillación. Tampoco son fáciles las renuncias y represiones que a veces conlleva la vida monógama, y no solo eso, sino que también está la pérdida del deseo que lo extremadamente doméstico y cerrado detona en la vida de la pareja. ¿Qué funciona para cada quién? ¿Qué riesgos se toman y qué desafíos se enfrentan? Cada uno tiene que pactar las respuestas desde la propia elección, responsabilidad y cuidado de uno mismo y de las otras personas involucradas.

Es común pensar que la intervención de un tercero en la pareja se debe a un déficit en la relación, a conflictos conyugales o a grandes carencias individuales, lo hemos dicho, y sí, en ocasiones eso está en la superficie de las infidelidades. Si bien es cierto que las relaciones amorosas con alto grado de conflictividad favorecen la aparición de terceros, nada de eso puede negar nuestra condición humana, siempre carente y con necesidades insatisfechas.

Vivir es una constante contradicción: «quiero esto y esto otro también», «me gusta tal cosa y al mismo tiempo me cansa». Y si esto se exacerba en un mundo que nos abre cada día infinidad de opciones en todas las áreas de nuestra vida. ¿Cómo dejarlo de lado en el territorio erótico-amoroso? Hemos dicho que esta diversidad incluye complejidad y contradicción, pero no necesariamente patología.

Ninguna realidad de pareja nos llena, pero eso no significa que tengamos que disolverla, ni que hayamos de reprimir otra realidad. El deseo vive en la ausencia, y el amor, en la presencia. En una relación amorosa de larga duración el deseo es difícil. También lo es el amor. Pero no es incompatible amor con duración y compromiso; al contrario, el amor vive a lo largo del tiempo.

Si la decisión sobre este dilema es una exclusividad electiva, que no pide nada, que no tiene por qué exigir reciprocidad, nos situamos en un territorio original, novedoso y exigente, donde la otra persona no se considera «territorio conquistado». En él se puede vivir una relación de fidelidad que no implica obligatoriamente para el otro exclusividad, ni emocional, ni intelectual, ni siquiera erótica. Un concepto de fidelidad así no es fácil, pero se aleja de los conceptos patriarcales de exclusividad sexual y posesión basados esencialmente en los miedos de los hombres y en la transmisión patrimonial de origen medieval.

La historia ha tenido grandes movimientos sociales: la revolución sexual, el feminismo y el movimiento gay, entre otros; quizá nos acercamos como especie a una revolución que incluya estas distinciones. En la práctica las personas tienen una vida erótica más variada de lo que confiesan: si bien esta conducta ha sido durante milenios privilegio de los varones, cada vez más mujeres cuestionan su posicionamiento en estos asuntos y se juegan, con todo el estigma social que aún pesa sobre ellas, en la creación de una vida erótica más rica y variada.

Las relaciones humanas se organizan y reglamentan para hacer del matrimonio y de la familia las formas naturales y universales de la organización de la vida sexual y social de los humanos. La fidelidad pertenece a un conjunto coherente y eficaz, y juega un papel vital en la estabilidad de un sistema histórico, explicable, criticable y, ¿por qué no?, transformable. La tendencia humana a los vínculos extraconyugales parece revelar el triunfo de la naturaleza y la libertad sobre la cultura. Pero si abrimos la posibilidad a esta dicotomía entre fidelidad y exclusividad sexual, cabría preguntarnos: ¿a qué somos realmente fieles cuando somos fieles en una relación de pareja? Rafael Manrique, psiquiatra español estudioso de los comportamientos amorosos, nos comparte su punto de vista:

¿A qué somos fieles realmente?

- *Al pasado:* a la historia que hemos construido juntos a través de una sucesión de hechos y experiencias compartidas. A ese vínculo que queremos conservar, disfrutar, aumentar. Ningún valor puede construirse sin memoria –las relaciones amorosas la tienen–, esta es la que nos hace conectar el pasado con el presente y mantener un vínculo de compromiso.
- *Al presente:* a los deseos, intereses y valores que nos constituyen; a todo lo bueno, bello y verdadero de nuestra relación. A lo que hace que esté viva y continúe: la ternura, el deseo, el apego, lo cotidiano, un cierto enamoramiento, el compromiso.
- *Al devenir:* a la transformación de la relación en *el futuro,* aun cuando esta cambiara o terminara, reconociendo que siempre estaremos en la vida del otro y que el otro siempre será parte de nuestra vida, amando siempre el amor que algún día nos tuvimos.

4.3. INCORPORAR A UN TERCERO SIN MORIR EN EL INTENTO

En la relación de pareja, es fácil adoptar el estandarte de la fidelidad como diferencia de la exclusividad sexual para ser autoindulgentes con conductas poco reflexionadas y no necesariamente constructivas, o bien para evadir situaciones problemáticas con el cónyuge, por miedo o pereza de la confrontación. Vivir la distinción planteada no es sencillo, me atrevo a afirmar que requiere de una madurez, de ciertas características de personalidad, de muchos acuerdos y conversaciones, y de particulares condiciones de vida para que la resultante sea coherente con los valores y necesidades de la pareja, y compense más a la relación de lo que la pueda desestabilizar, lastimar y deteriorar. Pero, sin ser sencillo, tampoco es imposible. Existen relaciones amorosas –estables, comprometidas, incluso suficientemente pasionales– que desarrollan ciertas características que les permiten incorporar, como parte de sus acuerdos, la presencia de otras personas.

Integrar a un tercero siempre representará riesgo y complejidad para la dupla amorosa básica, pero no significa necesariamente ni patología ni extrema carencia dentro de la relación. Esta alternativa no implica ni infidelidad, ni engaño, menos aún adulterio, comportamientos todos que generalmente perjudican el sostenimiento de una relación amorosa. Aun así, contemplar esta posibilidad requiere de un espíritu transgresor, de una apertura de mente y de cierta flexibilidad en el actuar.

Para algunos, una relación completamente cerrada a los terceros puede desembocar en el aburrimiento y el desinterés, mientras que para otros puede ser algo deseable y con costos muy bajos. Ambas opciones son válidas.

Una relación conservadora tiene más modelos a seguir. Mas no por eso se ha de catalogar como simple, pero sí puede ser más sencilla de manejar e incluso de conservar. En cambio, una relación más abierta requiere una reflexión de los efectos en todos los involucrados, así como un mayor riesgo de disolución. Todo esto implica ciertas restricciones y requisitos presentes para que la experiencia sea eso: una experiencia enriquecedora y no una lastimosa catástrofe.

En el libro *Conyugal y extraconyugal*, Rafael Manrique afirma que un acuerdo así solo podrá ser eficaz si incluye las siguientes condiciones:

- Conocimiento de sí mismo y de la pareja.
- Negociación antes de llevar a cabo cualquier acción. Acordarlo después de actuarlo sería más bien una imposición o una aceptación de algo que no tiene remedio, además del daño innecesario generado por la traición. Se requiere un acuerdo previo fuerte y claro.
- No pretender que la apertura de la relación sea la solución a problemas importantes de la pareja. Si la pareja está llena de conflictos irresueltos, el pacto se hace prácticamente inviable.
- Asumidos los riesgos que implica, el tercero no debería representar una amenaza a la intimidad de la pareja.
- Además, el tercero también deberá estar a salvo del uso y abuso de la pareja.
- Ambos miembros de la pareja tienen el derecho de experimentar. El acuerdo no debe quedar acotado en uno de los miembros.
- Ambos miembros de la pareja tienen derecho a conocer lo fundamental de las relaciones del otro: sin exceso de detalles y siempre que esto lo acuerden mutuamente.
- Las reglas a las que ambos se atienen deben ser concretas, funcionales, claras y precisas. Se debe dejar bien delimitado qué está permitido y qué no.
- Cada tanto ha de revisarse el acuerdo, cuestionar los efectos, adaptarse a los cambios que se den en la vida de la pareja y a las transformaciones de las circunstancias

de la vida en común. Esto implica desde renovar el acuerdo, ponerlo en *stand by,* hasta descartarlo.

Adoptar esta opción de vida no es fácil, incluso es peligrosa en tanto que nos posicionamos en una forma de hacer pareja poco convencional, con implicaciones eróticas y sexuales medianamente predecibles, que pueden alterar la dualidad amorosa al generar distancia emocional y sexual de la pareja. De ahí la importancia de ser muy prudentes cuando se plantea esta nueva forma de vivir la fidelidad.

Pareciera que las parejas que más pueden llevar a cabo esta apertura relacional son quienes incluyen las siguientes condiciones en su vida:

- Tienen proyectos personales y originales en los que se comprometen de manera apasionada. Proyectos estimulantes y necesariamente individuales.
- Poseen la suficiente flexibilidad para adoptar lugares, roles y posturas cambiantes al interior de su pareja, dependiendo del momento que cruza su relación amorosa.
- Carecen de una vida extremadamente convencional: han evolucionado a situaciones originales, incluso en ocasiones algo caóticas. Así, las nuevas formas de relación que introducen implican atractivo y transgresión.
- Logran sostenerse libres de los condicionamientos sociales y así pueden enfrentar las dificultades y obstáculos de aceptación y de desaprobación de su entorno. La vida resulta más complicada y exigente, sí, pero también les puede aportar fortaleza.
- Poseen una cierta riqueza material. La falta de recursos materiales apunta a la supervivencia como objetivo principal y favorece las dependencias extremas para sobrellevar la escasez. Cuando se tienen pocos recursos es más difícil nadar contracorriente.

- Gozan de una igualdad real como pareja, no solo como ideal o como promesa. Esto se deja ver en la capacidad de tomar decisiones autónomas y sólidas acerca de lo que ocurre en la relación y de la posibilidad real de mantener o dejar el compromiso adoptado y la relación misma.

Más que evitarlos, una manera eficiente de ser cauto ante estos riesgos es hablar de ellos: esto no significa contar todo, lo cual ni se necesita ni sirve, pero sí comunicar los efectos, los sentimientos, las ideas y las especulaciones que generan, para reforzar el compromiso con la pareja. Esta apertura genera cierta confianza, cierta tranquilidad y abre la puerta a nuevos diálogos y negociaciones. Es como decir: «esas acciones, las que sean, no pertenecen a nuestro mundo común, pero tampoco alteran lo único, lo fuerte, y lo mutuo de nuestra relación». Una postura así produce cierta liberación.

Acuerdos como estos son altamente emocionales, y la emocionalidad desbordada bloquea el raciocinio y con frecuencia conduce a actuaciones extremas y difíciles de manejar. Quizás una de las experiencias afectivas menos manejable sea la de los celos que de ellas derivan, con todos los altibajos emocionales que estos implican.

CAPÍTULO 5

CELOS

Dime cómo amas y te diré quién eres y, sobre todo, cómo quieres ser.

O. REIK

Para hablar de infidelidad es esencial conocer el mundo de los celos y lo que implica experimentarlos para las personas traicionadas dentro de lo que se denomina «triángulo amoroso», a veces cuadrángulo o incluso pentágono.

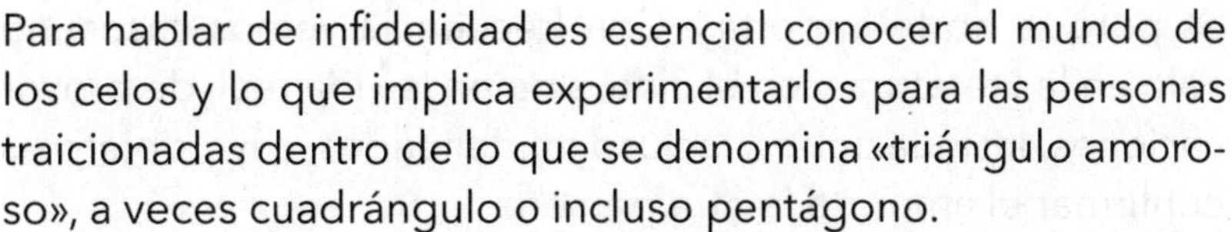

Es común pensar que la experiencia de los celos solo invade a la persona a quien se le comete la infidelidad, pero podemos reflexionar sobre los diferentes roles que desempeñan los integrantes de esta ecuación –el amante, el engañado, el pintacuernos u otros–, y en las múltiples posibilidades de vivenciar los celos desde las circunstancias individuales: la amante puede sentirse celosa de la esposa, la esposa de la amante, el esposo de la posibilidad de que su amante tenga otros amantes, y también de que su esposa llegue a darle entrada afectiva o sexualmente a otra persona.

Al hablar de la experiencia de haber sido traicionado –o de poder serlo–, sea cual sea el papel que se tenga en el triángulo amoroso, es difícil evitar la sensación de vejación; hay casos en que las personas, incluso después de terminar una relación por deseo y decisión propios, experimentan celos al enterarse de que su ex ya está en una nueva relación con otra persona. ¿Celos retrospectivos? Sí, existen.

Hay quienes dicen no ser celosos: ¿quizás menos celosos?, o ¿nunca antes celosos? Tal declaración es arriesgada, en tanto que los celos son básicamente situacionales: una vivencia determinada, en un momento dado: una nota encontrada en el buró, una mirada, una sospecha, un atuendo inesperado, un cambio en los horarios de rutina y otros factores pueden desencadenarlos.

Hay a quienes les halaga que los celen y generan así ciertas conductas para obtener alguna reacción de interés de parte de su pareja, y con ello confirman su lugar en la relación. El extremo de esta actitud sería considerar que «celar es amar» e identificar el amor con los celos: una idea romántica y errónea de quienes alimentan la creencia de que si alguien no te cela es porque no le importas. Con frecuencia vemos casos, no solo en la literatura y en el cine, sino en la vida real, de provocaciones, insinuaciones, incluso infidelidades, cuyo objeto es confirmar el amor de la otra persona.

En este capítulo nos enfocaremos en los celos que corresponden a la experiencia de la infidelidad, los cuales muchas veces impiden actuar adecuadamente ante la situación que se nos presenta.

5.1. LOS CELOS Y EL TERRITORIO DEL AMOR

Es importante, primero, distinguir lo que se está experimentando al enterarse de la existencia de un tercero que se ha inmiscuido en la intimidad de la pareja. Reconocer el efecto de los celos en esta situación será de utilidad para entender lo que está pasando y no actuar por impulso. En general las decisiones que se toman en un estado celoso distan mucho de facilitar la resolución de los conflictos o la disolución de una relación que ya no puede continuar.

Si bien los celos se dan en el territorio del amor, no pueden identificarse con el amor; de ahí el error de muchas personas al afirmar: «Cuando me enteré de su traición me sentí devorado por los celos y entonces descubrí que sí la amaba», o bien «Entendí que realmente le importaba al ver que los celos lo carcomían». Así, las crisis de celos no se originan solo «por amor y cuidado al otro»; lo que sí resulta amenazante siempre es la posibilidad del abandono, o al menos de la humillación ante una comparación.

Un buen amor busca preservarse, y la presencia de alguien más que ponga en riesgo su permanencia genera un quiebre en la seguridad personal. Esta reacción que se puede considerar normal, insisto, en particular cuando alguien se inmiscuye en la dimensión sexual y erótica –que se consideraba exclusiva de la pareja–, hace cuestionarse sobre no ser suficiente para el otro, así como desafía la continuidad de la relación.

Los celos incisivos e inmanejables no solo se dan entre personas cuyo amor está vivo, sino que también se manifiestan en relaciones de pareja que, tras un desgaste sostenido en el tiempo, ya habían agotado la experiencia de amor mutuo. ¿De dónde provienen estos celos que surgen cuando uno de los miembros de la pareja es descubierto en una relación clandestina?

1. ***Del exceso de amor propio:*** un acercamiento al narcisismo que conlleva un ego inflado y una exagerada admiración por uno mismo. Esa sensación de ser mejor que los otros, en este caso mejor que la pareja, crea la idea de ser el mejor partido, imagen que se derrumba ante la aparición de alguien más que puede sustituirlo.

2. ***De un alto nivel de inseguridad:*** este pudo ser originado tanto por un abandono temprano como por alguna experiencia traumática previa, por rasgos de carácter u otras situaciones de vida que hayan impedido a la persona adquirir una sensación de competencia y valía personal.

Por eso, si bien los celos son situacionales, pues tienen que ver con algo que los desencadena (los motiva un agente externo), la forma de vivirlos y expresarlos tiene una estrecha relación con el grado de madurez y seguridad de la persona que los experimenta. La vida consiste en transitar de la inmadurez a la madurez; quienes no descubren y utilizan sus propios recursos con frecuencia quieren «tomarlos» de otra persona, involucrándose en relaciones que les den identidad.

Cyrulnik, neuropsiquiatra, psicoanalista y etólogo francés estudioso de la resiliencia, en su libro *Los patitos feos,* explica que el sentimiento de seguridad se relaciona con la disponibilidad afectiva que se obtuvo en las relaciones tempranas, generalmente con los padres u otros cuidadores primarios; pero, más allá de esos primeros años de vida, pretender contar con la presencia constante del amado en la edad adulta es inadecuado e insostenible. El placer que produce la cercanía física de la persona que amamos, la certeza y la confianza que nos da la presencia del otro son favorables y necesarios: derivan de la necesidad natural de aglutinamiento de los mamíferos. Pero un apego inseguro que nos hace necesitar, controlar y querer poseer al otro, por encima del amor, es propio de la persona celosa, que, lejos de nutrir y conservar el amor, lo asfixia. Una relación así termina en vigilancia, hostigamiento y control, situación que de hecho tiende a mermar el amor mismo.

El celoso elige poseer antes que amar.

5.2. CÓMO DETECTAR LAS PERSONALIDADES MÁS PROPENSAS A LOS CELOS

Todos podemos sentir celos alguna vez, en especial si sabemos de relaciones extraconyugales. Existen algunos rasgos de carácter que dan cuenta de una predisposición a una personalidad celosa, y por tanto a hacer más difícil el manejo de una infidelidad.

¿Qué rasgos de carácter tienen las personas más proclives a sentir celos en la vida de pareja en general y de modo específico tras el descubrimiento de una infidelidad?

- La persona *sabelotodo,* que trata de tener siempre la respuesta correcta y la razón.
- Quienes tienen una *actitud moralista* y con ella una clarísima conciencia de lo que supuestamente es bueno o malo. Para ellos la vida es blanca o negra, hacen con facilidad juicios de valor, y difícilmente pueden ver los matices de las experiencias sexuales, afectivas y amorosas.
- Los *suspicaces,* que se mantienen en alerta constante sin perder los menores detalles de la conducta del otro. Son propensos a desconfiar o a ver «mala intención» en las acciones o palabras ajenas. Son extremadamente minuciosos. En la vivencia de la infidelidad nunca bastará una explicación; siempre querrá saber más, entender mejor, algo que *per se* es poco comprensible.
- La persona con un apego inseguro, quien por su excesiva dependencia emocional tiende a aferrarse a la pareja y teme siempre ser desplazada, con base en las experiencias previas de abandono. En general se sienten inseguras y su tolerancia al riesgo y a la incertidumbre es prácticamente nula.
- Quienes profesan una *alta religiosidad* creen en mundos trascendentes y se guían por modelos de extrema

perfección y sacrificio, difíciles de alcanzar, porque exigen altos ideales en la relación amorosa.

- Los *románticos* que tienen expectativas falsas, absolutas, irracionales e idealistas de la vida y de las relaciones humanas, las cuales tarde o temprano acaban por estrellarse con la realidad. Los vínculos amorosos surgen y se viven en el mundo real y esto nunca será suficientemente bueno para un romántico.
- Los *extremadamente responsables* y «coherentes», personas que, si bien son eficaces y cumplidoras, en general quieren que las cosas sean correctas, únicas, prácticas, en su punto y en su hora. Pero esa lógica no es fácil de aplicar a las cuestiones amorosas, ya que el amor es complejo y está lleno de contradicciones. ¿Qué hay más incierto que lo amoroso?

Atravesar una crisis de infidelidad con alguien que presenta estas características hará la situación más difícil de sobrellevar. En una infidelidad, el traicionado tratará de encontrar pruebas objetivas que delaten a la persona celada e incluso, si no existen, las inventará. Demandará la afirmación constante del cariño de la pareja y se molestará si no lo consigue, y con dificultad permitirá al traidor que incursione o que retorne a sus proyectos de vida personales por temor a que se repita la temida infidelidad.

5.3. ¿EN QUÉ CONSISTE LA EXPERIENCIA CELOSA?

Los celos se pueden definir como una experiencia de sufrimiento, un disgusto emocional frente a la pérdida de quien se ama, o ante la simple posibilidad de perderlo. Por eso muchas veces hacen su primera aparición cuando se vislumbra la idea de que un tercero se inmiscuya en la pareja base.

En el centro de los celos se mezclan el temor al abandono y a la humillación, y al experimentarlos se mezclan el deseo de posesión, el dolor de ser excluido, la necesidad de competir por el ser amado, la envidia al ser desbancado por otro, la sensación de humillación de que haya alguien «mejor que yo» y el miedo ante la pérdida y el abandono. Con la sospecha o la comprobación de la infidelidad estas emociones se entrecruzan y producen una combinación que irrumpe con gran intensidad. De ahí la dificultad de manejarse y de actuar sin dejarse llevar por el impulso de los celos.

Vivir una infidelidad pone en evidencia el error que supone pensar que el amor es incondicional; la realidad señala justo lo contrario: que todo amor es condicional y limitado. Una infidelidad muestra sin tapujos la imposible incondicionalidad amorosa y lo incompleto del amor: «No puede darme todo, y no puedo colmarlo por completo. ¿Acaso habrá otra persona mejor que pueda hacerlo?». Y vienen los celos que, aun cuando son totalmente humanos, se exacerban ante la idea de «no ser ni suficiente ni todo» para el otro, y de que nuestras carencias o limitaciones sean la posible causa de la traición.

En la experiencia celosa hay un círculo vicioso característico: la fuerte carga emocional genera una distorsión cognitiva –«De seguro está chateando con ella»– que a su vez reactiva las intensas emociones descritas de celos, que al mismo tiempo escala la distorsión cognitiva –«¡Mañana me puede engañar de nuevo!»–, con un incremento exponencial del malestar y el deseo de actuar con impulsividad para evitar la «traición» o para terminar con ella.

Los celos no son exclusivos de la relación de pareja; los más intensos y con tendencia a hacerse enfermizos se experimentan con mayor frecuencia en el marco de una relación erótico-afectiva. El celoso siente celos de la persona querida y también del rival o de los posibles rivales que ponen en peligro la relación amorosa. Los celos siempre son cosa de tres o más, a diferencia de la envidia, que es dual.

Sin intención de defender ni de celebrar los celos, tampoco se les puede considerar intrínsecamente anormales. Serán molestos, negativos; complican la recuperación tras una infidelidad, sino es que la hacen imposible, pero muchas veces son lógicos, humanos: de hecho «demasiado humanos». Pero que todos hayamos sentido celos alguna vez no significa que no sean un problema difícil de manejar.

Tener celos nos pone en una contradicción constante: amamos y odiamos; queremos confiar, pero desconfiamos. Tratamos de olvidar, pero nos obsesionamos y no podemos pensar en otra cosa. Y esto no solo ocurre cuando los celos tienen fundamento, sino cuando se tiene un carácter propenso a desconfiar.

5.4. ¡SÍ PUEDES! HERRAMIENTAS PARA SUPERAR UN ENGAÑO Y EQUIPARSE MEJOR EN LO EMOCIONAL

La infidelidad genera una fuerte sensación de inseguridad personal, y una tendencia excesiva a la fusión con el otro y al deseo de posesión. Trabajar en la autonomía emocional será efectivo no solo para superar un engaño, sino para equiparse mejor en las relaciones amorosas.

El amor no puede ser el único y principal proyecto de vida; hay actitudes y conductas que facilitan diversificar los objetivos de vida, sin restar importancia a la relación de pareja; expandir nuestros deseos, intereses y valores da a la vida de pareja un peso importante, pero no la sobrecarga de expectativas y demandas que resulta imposible satisfacer; más aún: entender que nadie nos colmará del todo, nos aterriza al hacernos ver que la infidelidad no siempre está vinculada con el desamor, además de impulsarnos a considerar la posibilidad de probar otros modelos amorosos más respetuosos de esta complejidad.

Hay tres principios que nos libran de la dependencia emocional y que, más allá de la experiencia traumática de compartir un amor con otra persona, podemos convertirlos en principios esenciales de toda relación amorosa:

1. Variar, cambiar, explorar ideas, sentimientos, acciones, proyectos, jugar, viajar, y desarrollar los aspectos intelectual, artístico y creativo. No aspirar a ser todo para el otro, ni esperar que el otro sea todo para nosotros.
2. Ser independiente, hacerse cargo de las propias necesidades, asumir la soledad y no definirse como un ser lleno de carencias que han de ser compensadas por los otros. Desarrollar la eficacia, ser valiente, admitir el miedo, aprender a disfrutar la vida en soledad.
3. Crear proyectos emocionantes en los que invertir la vida y que permitan la diversión, el aprendizaje, que le den sentido a la propia existencia en tanto que responden a las capacidades, intereses, valores y gustos personales.

¿Qué hacer cuando, habiendo entendido e incluso trabajado lo expuesto anteriormente, seguimos sintiendo celos? ¿Cómo manejar el torrente emocional que se derrama sobre nosotros después de descubrir una infidelidad?

Lo primero será reconocer la existencia de esas emociones y llamarlas por su nombre: celos. Distinguir si lo que prevalece es la humillación, o bien envidia de lo que no tenemos; quizás el miedo a ser sustituidos, o tal vez la competencia por ganar el lugar que «se nos ha usurpado».

Es importante reconocer y comprender la compleja dinámica que se genera en torno de las interacciones celosas; no es posible negar los celos, tampoco denigrarlos ni desecharlos; solo pisando firme se podrá asimilar la experiencia y movernos hacia otro lugar. Negar lo que sentimos solo aumenta la ansiedad y el malestar emocional. Frente a la amenaza, incluso ante la pérdida real, inevitable o probable, toca plantear una estrategia de acción contra los celos.

Un consultante en terapia descubre que su mujer ha conocido a otra persona y le ha dicho el clásico «tenemos que hablar». Está pensando en abandonarla y, tras el derrumbe por la noticia, acude a consulta. Puede elegir entre una de estas acciones:

- *a)* Seguir comprometido con ella y esperar a que ella decida.
- *b)* Tratar de mejorar personalmente: ser una oferta interesante (por ejemplo, mostrarse más interesado en el mundo externo, ser más sofisticado, más divertido).
- *c)* Retirarse de una batalla que posiblemente ya no tiene sentido.

En un caso así –con base en las circunstancias y la personalidad de la persona– habrá que elegir alguna de estas opciones:

- *a)* «De acuerdo, he perdido (o es casi seguro que voy a perder). Me separo y empiezo el trabajo de adaptación a esa pérdida, a una nueva vida».
- *b)* «Esperaré, no haré nada, adoptaré una sana resignación. No intervendré con mis celos. Estoy en una situación de cambio. Como quiero continuar con esta relación, esperaré, observaré qué ocurre y a qué sí me tendré que enfrentar. Si actúo de más, celosamente, aceleraré la retirada».
- *c)* «Estoy en franco peligro, así que lucharé, cambiaré lo que dependa de mí; trataré de vencer. Si lo consigo, será magnífico y, si al cabo de un tiempo no lo logro, pues me retiro, o si me siento con fuerza y deseo, esperaré un poco más».

En todas estas situaciones se trata de que la persona celosa por una infidelidad adopte una forma de ser eficaz en sus respuestas, valide sus celos y al mismo tiempo identifique la necesidad de no actuar impulsivamente bajo su influjo. El propósito de este modo de actuar es motivar un cambio que le permita reconquistar a su pareja, o bien lo habilite para una madura retirada, evitando acciones impulsivas e ineficaces.

Los planteamientos aquí propuestos le dicen, explícita o implícitamente, a la persona: «¿Usted quiere seguir reaccionando así, o intentamos algo diferente?», porque primero hay que desactivar o atenuar las reacciones impulsivas y luego elaborar un plan de acción con respuestas nuevas.

El amor siempre conlleva incertidumbre y temores. La persona madura puede sentir desencanto, frustración y temor ante una infidelidad, incluso celos, pero no necesariamente celos patológicos que tiren por la borda la relación amorosa, ni menos todo a lo que aspira en la propia vida. Y es que la posibilidad de sentir celos, debido a la capacidad humana de desear, siempre puede estar presente: más aún cuando se sospecha o se confirma la existencia de un tercero.

Si bien los celos no necesariamente indican una mentalidad débil, corrompida e inmadura, los efectos que provocan incrementan invariablemente el sufrimiento psicológico de quienes los viven y tienen un claro impacto negativo en la relación amorosa, lo cual puede incluso promover una inesperada infidelidad.

Aprender a tolerar la incertidumbre es un antídoto contra los celos. Por eso el amor ha de asumir algunos riesgos y una buena dosis de incertidumbre; de lo contrario se tendrá una relación que no tiene ni celos, ni infidelidad, ni deseo, ni amor, ni casi nada.

CAPÍTULO 6

EL TRIÁNGULO AMOROSO

Una cuerda triple no se rompe con facilidad.

ECLESIASTÉS

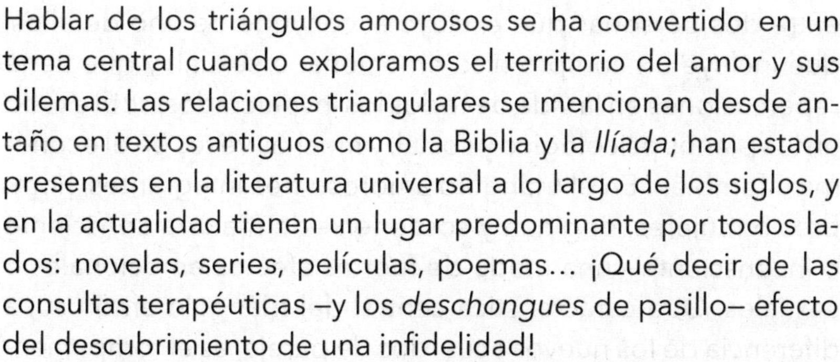

Hablar de los triángulos amorosos se ha convertido en un tema central cuando exploramos el territorio del amor y sus dilemas. Las relaciones triangulares se mencionan desde antaño en textos antiguos como la Biblia y la *Ilíada*; han estado presentes en la literatura universal a lo largo de los siglos, y en la actualidad tienen un lugar predominante por todos lados: novelas, series, películas, poemas... ¡Qué decir de las consultas terapéuticas –y los *deschongues* de pasillo– efecto del descubrimiento de una infidelidad!

Para adentrarnos en la complejidad de los triángulos amorosos, dejaremos fuera las aventuras de una noche que carecen de contenido emocional, aun cuando involucren actividad erótica y sexual. Tampoco considero las patanerías sostenidas que, más que constituir un triángulo amoroso, significan un ciclo infinito de abusos y maltratos violentos –en ocasiones enfermedad mental, adicción– y no la complejidad de la experiencia erótico-amorosa.

Excluyo también las *infidelidades cibernéticas* que no derivan en una infidelidad física, y que pueden catalogarse como nuevas prácticas eróticas nunca antes imaginadas, o bien, como muestra social del miedo a la intimidad y a la cercanía emocional propio de la era posmoderna en que vivimos. Estos intercambios virtuales generan emociones, deseo y abren experiencias de conocimiento personal, exploración sexual, y pueden robar atención a la pareja en turno a la vez que pueden transformar la propia visión del mundo, de la vida, de las relaciones y de uno mismo. Pero mientras no se actúen como tales, o deriven en la búsqueda de un intercambio físico –con o sin intercambio sexual–, no involucran decisiones respecto a quedarse en la relación o bien elegir a otra persona. Aun así, este territorio es confuso puesto que en algunas parejas estos intercambios implican un rompimiento de acuerdo, en tanto ocurren en secreto y activan un componente de atracción erótica, no importa si se dan en el *resguardo* de la virtualidad.

Al hablar de triángulo amoroso me refiero a una relación entre dos personas que excluye al cónyuge de uno de ellos, que incluye un compromiso emocional o sexual, y que tiene repercusiones en la vida de todos los involucrados, sobre todo en los planos psicológico y social, y muchas veces en el económico también. En el triángulo amoroso tres integrantes, hombres o mujeres, originan y sostienen –de manera consciente o inconsciente– una tríada de fuertes efectos emocionales o sexuales. Otra característica central del triángulo amoroso, a diferencia de los nuevos acuerdos de pareja, es el rompimiento unilateral del pacto de exclusividad, así como la afectación del nivel de intimidad, de cercanía emocional o de compromiso con la relación original.

Si bien el factor transgresión también entra en juego, no es exclusivo de los triángulos amorosos: muchos nuevos modelos erótico-sexuales, entre ellos el poliamor, las experiencias *swingers,* los matrimonios abiertos, contienen este elemento transgresor en tanto que desafían la cultura dominante que favorece una sexualidad conservadora, moralista y monogámica.

La existencia de las relaciones triangulares nos confirma que los seres humanos no escapamos a ellas, pese a los intentos de la tradición judeocristiana de educarnos en la creencia del amor exclusivo y total, la cual nos expulsa del territorio del «amor verdadero» si no lo logramos. Ni qué decir del señalamiento de ser personas «malas o defectuosas», insensibles, egoístas e internamente divididas en caso de incurrir en esta contradicción.

Además de los triángulos erótico-amorosos, con o sin implicación sexual, existen diferentes tipos de triángulos: los que involucran a padres e hijos, amistades, mascotas, relaciones laborales, espacios culturales, inclusive rituales religiosos. Y es que lo triangular es una característica sustancial de las relaciones humanas: los psicoanalistas afirmarían que es una organización mental implícita en la tríada edípica de la que aprendimos el «ABC del amor»; yo sumo lo que ya he mencionado en capítulos anteriores: somos seres deseantes y el deseo no se agota con nada ni con nadie.

Nuestra posibilidad de ser personas multifacéticas y complejas nos impide alcanzar la plenitud en un solo proyecto de trabajo, en un único *hobbie*, en un solo corazón y con un solo cuerpo. Entender esta triangulación en territorios no amorosos puede ser más o menos sencillo, pero en la comarca del amor se complican las cosas en tanto que el «mito de la exclusividad sexual», ante las variaciones que ha tenido la vida de pareja en el último siglo, parece ser lo «único» que conserva como propio y como signo de genuino compromiso y amor de pareja. Algunas personas renuncian a vivir esta triangularidad con menores implicaciones de frustración y represión en su vida personal –prefieren la seguridad y cierta simpleza de una relación exclusiva–; sin embargo, no es la norma como experiencia de vida.

Las triangulaciones amorosas existen: algunas se detienen después de unos intercambios por chat, otras son intensas y breves (más vale arder fugazmente que apagarse lentamente) dejando huella en la vida de los actores, otras duran toda la vida y capotean los malabares y desgastes necesarios para sostenerse a lo largo del tiempo. Algunas terminan transformándose en familias reconstituidas al dejar de lado la relación primaria, tras haber sido o no descubiertas.

En distintos esquemas y con diversos efectos en la vida de los involucrados, muchos miembros de parejas estables han transitado este camino de la triangulación que por diversos factores está a la vuelta de la esquina. Y, más allá de lo que pensemos, queramos o neguemos, en muchos casos, y dada nuestra capacidad amorosa multidimensional, su presencia resulta estimulante y proporciona cierta estabilidad a las relaciones de pareja.

Un triángulo amoroso entonces no se define por su duración o su intensidad, sino por el equilibrio personal, de pareja y grupal que aporta, de manera consciente o inconsciente, deseada o rechazada, a quienes lo conforman. En general inicia desde la atracción mutua, con o sin interés de implicaciones sexuales, pasando por el enamoramiento, hasta consolidarse en algún tipo de vínculo.

Su terminación se da por razones diversas: o deja de cumplir su cometido, o se le descubre y pierde viabilidad ante la crisis de pareja que detona, o bien la culpa o el malestar de alguno de los involucrados le lleva a disolverlo, o simplemente la renuncia elegida o las circunstancias precipitan su desintegración. Esto no significa, como señalé anteriormente, que el espacio interior o intrapsíquico que le da cabida, incluso los sentimientos amorosos internos, desaparezca necesariamente.

Sin que me agrade la expresión «triángulo amoroso», por el efecto moral denigratorio que contiene –al igual que las palabras *traición e infidelidad*–, y sin otro término para referirlo por el momento, me parece que dentro de este merece la pena conocer las posiciones de cada uno de sus actores para identificar lo que ocurre en su subjetividad, así como los retos que a cada uno le toca enfrentar.

6.1. SOBRE LA VÍCTIMA

En primer lugar, la «víctima», quien de inicio descarta la posibilidad de la traición, invisibiliza o normaliza cualquier conducta extraña que su pareja pudiera presentar (si es que la hay): integrar a un tercero que jamás se vislumbró en el horizonte implica un recorrido lento que requiere de señales repetidas o de información evidente para ser percibida. La persona «excluida» puede racionalizar los primeros indicios de alejamiento físico o emocional de su pareja; los rasgos de carácter del traicionado influyen en la forma de interpretar el alejamiento, pero en general la confianza y el deseo de que «todo esté bien» prevalecen.

Sería muy riesgoso afirmar que la víctima ha promovido o aprueba la triangularidad, aun cuando pudiera asumir una postura como «está bien, mientras no me entere» u «ojos que no ven, corazón que no siente»; pero de ahí a responsabilizar al tercero excluido de la conducta de su pareja, hay un buen trecho. Si partimos de la realidad de que nadie satisface del todo las expectativas de otra persona, podríamos entender la posibilidad de que el cónyuge traicionado aceptara el equilibrio que reportaría el triángulo, ya sea en términos de no poder satisfacer la demanda afectiva o sexual del cónyuge o por la propia necesidad de menor intimidad y cercanía de la que requiere su pareja.

La cosa cambia cuando la situación revienta ante los ojos de la «víctima» y se devela la existencia del tercero; los celos, la inseguridad, el temor y el enojo son parte de la experiencia de esta posición en el triángulo. Esto *per se* genera un movimiento que puede ser ambivalente y contradictorio: por un lado, no se quiere desestabilizar lo que más o menos marchaba; por el otro, se tiene que asumir una postura desde la propia decisión y no esperar a que sea el otro quien asegure el propio bienestar y la posibilidad de cambio. En este caso la persona engañada no puede hacer oídos sordos, y le corresponde adoptar una posición activa, que puede ir del deseo de comprensión o la aceptación de lo ocurrido, a la lucha por la relación, o la decisión de retirarse.

Ante el descubrimiento, la sensación de que nada volverá a ser igual es apabullante pero cierta: en efecto, *nada volverá a ser igual*. La persona traicionada tendrá que reconocer qué tanto puede tolerar esta realidad en el presente y algún grado de incertidumbre sobre el futuro, más allá de la resolución de la crisis y de la decisión que tome en lo individual o como pareja.

Es común demandar a la pareja que «haga y deje de hacer cosas» para confirmar que se puede regresar a la sensación de seguridad previa a la crisis, pero esta demanda es irreal: la pareja podrá contestar algunas preguntas, reparar algo de lo ocurrido, incluso hacer algunos cambios solicitados, pero nada de eso –más que el proceso interior del afectado– podrá restaurar un equilibrio suficiente y realista para continuar la vida. Insisto: es necesario que la víctima asuma una postura activa en cuanto a la manera de procesar la experiencia vivida, y que tome una decisión sobre la respuesta que dará a su pareja.

Quizás una pregunta obligada sería: ¿Había algo fundamentalmente mal en la relación, previo al descubrimiento de la traición?, o simplemente el triángulo da cuenta de la complejidad de la realidad amorosa que no es fácil de entender y aceptar? En el caso de que esta última opción fuera la respuesta, para quien no ha vivido la dificultad de gestionar el deseo propio y experimentar con alguna otra persona, es muy difícil incorporar esta perspectiva.

Las personas que se desestabilizan y culpabilizan ante el descubrimiento de la infidelidad tienden a negar en principio la posibilidad de haber echado en saco roto peticiones explícitas de la pareja o señalamientos de situaciones de la convivencia que se pedía revisar. Siempre es posible sopesar lo antes ocurrido para actuar en consecuencia.

Las personas que quedan excesivamente afectadas tras una infidelidad –si es que esta no se dio en un marco de abuso, maltrato y maldad galopante– tienden a batallar con la integración de las contradicciones de la vida amorosa desde una postura simplista de la vida en pareja. Intentan luchar para que una relación se sostenga y dure a cualquier costo, y se les dificulta dimensionar el peso de la infidelidad.

La víctima tendría que reflexionar y preguntarse si hay posibilidades de que el triángulo se deshaga, si hay condiciones para aspirar a regresar a la situación anterior, en ocasiones ya utópica, o si está dispuesta a sostener un acuerdo de pareja que incluya, como ya ocurrió, algún encuentro con terceros.

Algunas parejas, tras una experiencia así, abren la relación explícita o implícitamente y replantean su vínculo desde posturas más flexibles. Otras parejas toman por los cuernos una crisis matrimonial silenciada, y también hay las que descubren que el recorrido de ellos dos juntos ha llegado a su fin, e inician el proceso de separación.

Es esencial cuestionar como víctima si vale la pena terminar la relación por la experiencia de la triangulación, o si algo se puede recuperar. Hay que preguntarse: «¿Realmente me siento afectado(a) por lo que pasó, o mi ideología y la presión social me hacen creer que es imposible superar o vivir con una situación así?». Quizás el tolerar o dejar pasar una infidelidad se vive más como una debilidad de carácter que como señal de incorporar un aprendizaje a la vida de la pareja.

No debería ser tan difícil, en lo concreto, determinar qué tan riesgosa es la existencia del tercero en la vida de la pareja. Quizás la reflexión básica es: «¿En verdad dejaste de dar tiempo, intimidad y afecto a la relación?», «¿esta experiencia ha creado un espacio necesario, recreativo y útil, o es simplemente una forma de evadir lo que estamos viviendo?».

La complicación tiene que ver más con la perturbación emocional que genera y la infinidad de prejuicios sobre el tema, que con la posibilidad de reconocer nuestra complejidad erótico-amorosa. Cuestionar si realmente se quiere y se busca esa cercanía que se demanda es fundamental para la persona afectada, dejando de lado «lo que debería ser», para asumir «lo que realmente quiero y puedo hacer».

Si bien la persona engañada necesita reflexionar sobre las pérdidas –de creencias, de certezas, de lealtades– y tomar decisiones con la pareja, una parte de su trayecto es en solitario. El enojo, desconcierto y temor que experimenta son válidos y oportunos, pero eso no significa que su pareja sea la única responsable de resolver la crisis. Hay personas que se someten a triángulos de manera pasiva por falta de seguridad personal, excesiva dependencia y resistencia a la autonomía. Esta postura requiere la toma de una decisión; por tanto, valdría la pena soltar el estandarte de víctima ante una situación que, si bien puede ser muy dolorosa, existe y hay que afrontarla.

El tema de la dependencia económica, sobre todo para las mujeres, es un asunto de vital importancia por considerar: muchas mujeres se ven limitadas a actuar como querrían y necesitarían por temor a poner en riesgo su estabilidad económica.

La persona traicionada tiene el reto de construir redes de apoyo sólidas más allá del vínculo con su pareja, así como de proyectar una vida personal rica en posibilidades y retos, de manera que el desengaño amoroso, si bien impacte, no adquiera el matiz de un derrumbamiento total.

Corresponde a la víctima cuestionarse las creencias idealistas sobre el amor, y enfocarse –más que en la infidelidad misma y en el perfil del amante para entrar en competencia con él– en alimentar su propio proyecto de vida y en visualizar de manera más equilibrada y realista su vida de pareja.

Reconocer la participación en el triángulo, si es que la hay, no significa culparse, sino asumir la responsabilidad que le toca en lo que ocurre y, sobre todo, adoptar una posición ante la realidad que se impone. Nada de lo que diga la pareja sustituye la propia decisión; incluso, se puede volver a confiar y acordar nuevas formas de relación. Lo que no es aceptable es adoptar una postura de pasividad y ceguera para después volver a lamentarse del engaño o bien para usar el incidente como moneda de cambio y extorsión permanente.

La idea de perfección amorosa genera más vergüenza que satisfacción en la vida de pareja, por ser inalcanzable, aun en las mejores relaciones.

Vale la pena asumir que aun las mejores relaciones que, por supuesto, existen, son imperfectas. Como decisión, se puede aceptar vivir y ser parte de una triangulación, con acuerdos básicos y cuidado mutuo, o se puede trabajar para replantear la vida de pareja y los acuerdos que se quieren retomar. Pero ojo: transformar los acuerdos amorosos daría cuenta de que hay relaciones de dos que marchan bien aun siendo de tres, o de más de tres.

6.2. SOBRE EL VILLANO

Son muchas las puertas que llevan a una infidelidad. Aquí corresponde analizar la experiencia subjetiva del «villano» y los retos de su posición en el triángulo.

Probablemente el inicio de la aventura, más allá de sus causas, provocó en el villano una emoción embriagadora, una estimulación difícil de resistir y una imposibilidad –aun tras intentos de rechazar la tentación– de evitar la infidelidad. Las sensaciones de vitalidad, novedad, complemento, satisfacción, desahogo y transgresión, incluso mezcladas con la duda y el temor a ser descubierto, hacen una mezcla revitalizante que genera una fuerte experiencia de «estar vivo». Es sorprendente ver cómo el encanto de ser mirado con nuevos ojos, de ser ansiado con nuevos deseos y del contacto con un cuerpo nuevo aportan un regocijo difícil de repeler.

Si tras este inicio los encuentros continúan de manera satisfactoria a lo largo del tiempo, no es difícil que empiecen a surgir sentimientos y afectos entre los involucrados, que generan, si no un enamoramiento, sí una sensación de plenitud y autorrealización que comienza a reunir los ingredientes necesarios para transformar la aventura en un triángulo amoroso. Además, el sexo siempre debe tomarse en serio, porque si resulta bueno y sostenido, acaba por vincular a las personas que lo practican, ya sea como desahogo, complemento o juego; si a esto se suma que la nueva relación puede cubrir huecos emocionales importantes, será difícil evitar que una relación triangular se consolide.

Se puede pensar que el amarre de la nueva pareja será más fuerte si la personalidad del amante es diferente a la de la pareja base y por tanto complementa y suma a la vida del villano. Quizá lo más seductor de esta postura triangular es la sensación de frescura, libertad e independencia en la cual se puede disfrutar de una experiencia de pareja sin ataduras y extremas obligaciones. Sin embargo, el periodo de luna de miel termina también en la relación de amantes: los vínculos y apegos que se generan comienzan a recrear experiencias de una pareja estable –celos, temor a la pérdida, dificultad de consolidar la relación– y dan paso a una intensa inquietud al interior de la nueva relación.

A veces la demanda del amante por convertirse en la relación primaria, a veces el temor del infiel de tener que compartir a su amante con alguien más por no poder darse todo a él, incluso el temor a la pérdida definitiva de los encuentros, generan cada vez más desgaste, tormento y desazón. Por otra parte, no se puede dejar de lado el miedo que el villano ha de sortear ante el riesgo de ser descubierto, la culpa insidiosa ante la posibilidad de lastimar a la pareja base y hasta a la familia, y el conflicto de tener que decidir hacia uno u otro lado que no muestra un final seguro. Esta mezcla de vivencias genera una zozobra emocional que se suma a las peripecias de los encuentros físicos que en un principio se vivían como simples travesuras o experiencias más fugaces.

La intensidad y ligereza del principio dan paso a una etapa de mayor reflexión y planeación que permita apuntalar la clandestinidad de la relación, al tiempo de facilitar el disfrute de lo que sí aporta. El temor por la discreción, la necesidad de implementar algunos acuerdos de exclusividad entre los amantes, la urgencia de manejar los celos que surgen ante la imposibilidad de la consumación del vínculo y el sostenimiento de algún tipo de compromiso se vuelven parte inevitable de esta transición. Si bien la pasión continúa, toman un lugar preponderante temas como: el apoyo mutuo, la compañía, los intereses comunes o el sostén moral. El componente sexual también está, pero el emocional va ganando terreno.

El paso del tiempo y la consolidación de algún tipo de vínculo pone con frecuencia al villano ante la encrucijada de decidir entre irse o quedarse con el amante; esta disyuntiva –si bien puede tener un punto de resolución– plantea un dilema que no tiene marcha atrás, pues pone fin a la ilusión de que se pueden sostener ambos mundos a un precio bajo. Los costos emocionales del involucramiento, el miedo a ser descubierto, el riesgo de lastimar a otras personas y el tormento por la pérdida de todo toman un lugar preponderante en el triángulo.

Comparado con el deseo imposible de la víctima de volver a la creencia del paraíso terrenal, el villano piensa que la resolución hacia uno u otro lado puede ser el retorno a una vida vacía: volver con la pareja base será algo insípido; y sin haber resuelto problemas enquistados sería incluso desventurado. Por otro lado, dejar a la pareja base para iniciar una nueva etapa con el amante no asegura el éxito (hay quienes incluso afirman que sería como ir al mismo infierno, pero con otro diablo), sin mencionar la dosis de culpa que habrá de cargar en caso de atreverse a consumar la disolución del primer vínculo.

No son pocas las situaciones en las que el amante responde más a una fantasía de la persona infiel que a lo que podría funcionar en la vida real, por lo que el hecho de ver cercana la necesidad de presentar a la nueva pareja en público puede agudizar el estrés en la ya compleja necesidad de resolución.

La incertidumbre en este punto del camino genera vértigo a la persona infiel y salpica a las personas cercanas, debido a la encrucijada que se enfrenta: se puede disimular la tensión, ocultar el triángulo, procurar estar presente, pero el desgaste físico y emocional tiene un impacto en la interacción. En este momento resulta crucial pedir ayuda, ya sea para evitar el descubrimiento –que puede ocurrir por un descuido ante la presión vivida– y manejar la situación sin llevarla al límite, o bien para tomar una decisión por una u otra persona. Si bien la ayuda profesional es importante en cualquier punto del camino, en caso de un descubrimiento cobra mayor relevancia para reducir las lastimaduras y facilitar la toma de decisiones desde la conciencia, y no desde la culpa y el temor.

La posición del villano resulta contrastante, pues lejos de ser necesariamente la mala persona que se representa en las películas de Hollywood, se trata de un sujeto que vive una contradicción en el núcleo mismo de sus cuestionamientos: «Quiero a mi esposo(a), pero siento gran afecto y pasión por mi amante», «No quiero lastimar a nadie, pero no puedo decidirme por ninguno(a) de los(as) dos», «Si esto estuviera "permitido", mi vida estaría en equilibrio». Amor y cariño, cuidado y temor, angustia y culpa se entrelazan en el corazón del villano.

Pareciera que la postura del villano es la más privilegiada, en tanto tiene mayor conocimiento respecto de los integrantes del triángulo: tiene más información, sí; pero la encrucijada que vive es difícil de procesar, y podría convertirse en el problema central de su existencia. No es raro que ambas alternativas de vida le parezcan buenas –y que lo sean– por diversas razones, lo que hará más complejo tomar una decisión. ¿Cómo no pensar que por un lado se puede tener una parte estable, amable, de buen apego y cariño que da seguridad personal y sentido de familia, y del otro el acompañamiento que aporta intensidad, frescura, complemento, amor y pasión por la vida?

En este punto sugiero a las personas metidas en esta maraña que se hagan cargo de la culpa y del desasosiego que viven, que guarden el secreto y trabajen para aclarar su situación: las salidas pueden ser diversas: ninguna fácil, pero la resolución no tendría por qué ser, además de compleja y dolorosa, catastrófica e innecesariamente lastimosa para todos los involucrados, particularmente la víctima que cuenta al menos con una carta para hacer una buena jugada.

Para quienes miran el conflicto desde afuera, las alternativas parecerían obvias: un camino sería mejorar la vida matrimonial y sostenerla; otro, transitar de manera inteligente hacia una vida con el amante; otra más, profundizar en las necesidades personales, en los dilemas del amor a largo plazo y, ¿por qué no?, sugerir la posibilidad de abrir la relación de manera cuidadosa; y por supuesto, si no se descubre la infidelidad, sin necesidad de revelar información específica al respecto.

Tomar la decisión es lo que no parece tan obvio. Necesariamente se requiere una dosis alta de fastidio, cierto aplomo, y la determinación de cambiar la intolerable situación. Aun así, por intrincado que parezca, cualquier opción bien manejada puede llevar a una resolución oportuna y constructiva, que, sin ser sencilla –y con sus particulares limitaciones y riesgos–, evite la necesidad de recorrer el arduo camino del descubrimiento, y con ello el shock, la herida, la desconfianza y al costo de claudicar al derecho de una vida acorde con la persona que se es hoy. Cualquier elección tiene sus costos.

Mantener el secreto puede ser una acción de genuino cuidado de todos los involucrados, así como la forma de honrar lo propios deseos, pero requiere una actitud de extrema conciencia y responsabilidad. Mantener el triángulo advierte también sobre la fortaleza que implica: sentirse dividido, o integrar la vivencia con cuidado y honestidad. Quizás el tiempo y la experiencia, así como el debilitamiento de la pasión inicial, calmen las aguas y dejen fuera malabares riesgosos que pongan en riesgo la estabilidad de los involucrados. Se requiere una particular convicción y gran fuerza psíquica para contener las contradicciones de mantener una vida triangulada y la subsecuente tensión.

Es de adultos asumir la responsabilidad de las decisiones tomadas y no descargar en otro el peso de la culpa que en algún momento podría pesar demasiado. Pero es menester, cuando la pareja base tenga claras evidencias de la existencia del tercero, hacer frente a la situación con la verdad. Mentir al otro y tratar de hacerle creer que su percepción es equivocada, que está en un error y empujarlo a dudar de su integridad mental es un acto abusivo. Proteger a la pareja implica no develar información solo para librarse de un peso que no le corresponde cargar, pero tampoco —aunque se haya intentado al máximo evitar el descubrimiento del triángulo— negar señales evidentes que hayan salido a la luz.

No podemos hablar de rasgos de personalidad de los infieles, pero sí podríamos afirmar que ser parte de un triángulo, con todas las implicaciones que hemos mencionado, requiere de un cierto carácter transgresor, capacidad de tolerar la incertidumbre, tomar la decisión de correr riesgos y disponer de la fuerza para asumir la ineludible presión. También me atrevería a decir que el villano tiende a escuchar las propias inquietudes, deseos y necesidades y a buscar alternativas viables o satisfactorias para gestionarlos.

Se requiere cierto carácter proactivo para emprender el trayecto de vivir una infidelidad, así como autonomía emocional y material que otorgue la flexibilidad de tiempo y espacio para vivir esta experiencia. Reitero que no incluyo en estas categorías a las personas abusivas y violentas que aprovechan sus ventajas, cualesquiera que estas sean, para engañar a su pareja sin escrúpulo alguno; no hay duda de que posicionarse en este lugar da cierta maniobra de decisión y acción superior a la de la víctima.

Las personas con códigos morales más estrictos y con personalidades más responsables tendrán que lidiar con una mayor culpa, la cual será parte inevitable de la ecuación. En estos casos vale la pena transformar esa culpa en un extremo cuidado para todos los involucrados y en un genuino cuestionamiento de los prejuicios y mandatos, y las infracciones y responsabilidades que se mezclan en esta elección de vida.

Si bien la postura del infiel parece ser la «más beneficiosa», sostener esta afirmación implicaría simplificar las cosas. Conozco a infinidad de personas que transitan por esta experiencia de manera gozosa y doliente al mismo tiempo, debido a la lucha que libran entre la culpa y sus deseos, entre sus genuinos derechos y sus compromisos con los demás.

La decisión final que se tome conllevará necesariamente un duelo: sobre todo, si se ha de elegir entre alguna de las dos opciones. A veces me parece que dejar que las «cosas» de manera cuidadosa mueran de muerte natural sería lo más sencillo ante esta encrucijada; pero la longevidad puede ser la constante incluso en temas de triangulación y por eso con frecuencia la vida pide una definición, aun cuando eso conduzca a una renuncia costosa o bien a un cambio radical de paradigma hacia una nueva forma de experimentar la vida, las relaciones de pareja y el amor.

6.3. SOBRE EL TERCERO EN DISCORDIA

Poco se habla de la posición del amante; cuanto más se le nombra con apodos denigrantes y se le embiste con señalamientos acusadores y juicios morales como: «esa puta», «el pendejo aquel», «la vieja esa rompehogares», «claro, la embaucó a ver qué le saca», «pinche gata, quién se cree».

La mirada al tercero no como un sujeto ni como una persona activa en el triángulo amoroso, sino como objeto de uso o abuso del villano, da cuenta de la simplificación que se hace de las experiencias triangulares, del desconocimiento de la complejidad del fenómeno y de la primacía que se da a la vida de pareja –en particular a la matrimonial– sobre cualquier tipo de acuerdo amoroso que se salga de la normatividad. La carga moral que se le atribuye al tercero como el causante de «la destrucción» de la pareja deposita en él o en ella todos los prejuicios en relación con la infidelidad, aun cuando el tercero *también es una persona*.

Me referiré en este apartado al amante que asume ese rol «en solitario»; es decir, sin tener otra pareja –o al menos una pareja significativa y formal–, por lo que concentra en esa relación de amantes su apuesta principal.

Hay casos en que los dos infieles están casados o tienen otra relación de pareja comprometida; en tales casos no se consolida un triángulo: de hecho, se logra un cierto equilibrio en la relación de amantes, en tanto que ambos forman parte de otros espacios de vinculación que les implican tiempo, cuidado y energía. Es claro que situaciones como estas pueden terminar en el divorcio de alguno de los amantes, romper el equilibrio e iniciar la escenificación del triángulo. Pero me limitaré en este momento a describir la experiencia del tercero cuya única pareja es su amante y consolida con su presencia la relación triangular.

Puede ser un hombre o una mujer quien ocupe este lugar, aunque la mayoría de las personas que se colocan en esta posición del triángulo son mujeres.

Podríamos hacer un estudio psicosocial extenso de los porqués para explicar que sean más las mujeres que ocupen esta posición, pero mencionaré solo algunos factores que lo promueven:

- Los hombres, en una sociedad patriarcal y con argumentos esencialistas («así es nuestra naturaleza»), se atribuyen el derecho y la necesidad de tener más de una mujer.
- Lo que a los hombres culturalmente se les condona, a las mujeres se les condena: un hombre con muchas mujeres es celebrado: «es un galán, un gran conquistador», mientras que una mujer que sostiene relaciones con varios hombres es sencillamente una «cualquiera», una puta. Así, la amante solo es fiel a su hombre y no tiene andanzas con otros más.
- Las mujeres en general estamos más dispuestas a privilegiar las necesidades de los demás sobre las propias; por tanto, hay amantes mujeres que no solo ponen en segundo lugar sus deseos e intereses, sino que además comprenden y acompañan a sus parejas en la penosa vivencia de sus matrimonios. Situación difícil de encontrar en un varón, quien generalmente suele dar prioridad a sus propias necesidades.
- Las desventajas socioeconómicas reales de muchas mujeres las orillan a valorar como suficientemente buena la presencia de un hombre en su vida, sea cual sea su circunstancia y disposición, y que con su simple «estar con ellas» las confirma como mujeres y les da valor. En circunstancias así el ocultamiento y la parcialidad son el precio del apoyo emocional y material que el hombre les da, además de sentir que ser amadas, aun siendo «las terceras en discordia», aumenta su valía personal.
- El territorio amoroso se ha convertido en un mercado de oferta y demanda; y son más las mujeres deseosas de vincularse emocionalmente y dispuestas a pagar los costos con tal de estar en una relación. Y son menos los hombres dispuestos a perder privilegios por un compromiso; no es tan difícil que una mujer acepte las condiciones masculinas con tal de contar con el amor de un «santo varón».

Los hombres, a mayor oferta, tienen mayor capacidad de elección y de acumulación. Hay hombres que «sufren por amor», al ser amantes de mujeres comprometidas en una relación matrimonial, pero es poco común que se limiten a ese vínculo, y que no se acompañen de otra persona en la vida cotidiana y en los eventos sociales. Es extraño también escuchar que una mujer que está comprometida con una pareja le pida fidelidad a su amante, situación extremadamente común cuando la amante es una mujer.

Es poco frecuente, pero llega a ocurrir, que un hombre o una mujer elija la posición de tercero en un triángulo porque a través de ella obtiene lo mejor de su pareja sin cargar con la faena doméstica: hay mujeres y hombres tan involucrados en su vida familiar o profesional que no desean ni necesitan una abierta vida de pareja con convivencia domiciliaria y confirma de un acuerdo conyugal.

Una colega ha sostenido por años una relación amorosa triangular; de hecho, «su amante» es el padre de su hijo, y se siente satisfecha de conservar espacios de acompañamiento apasionados y amorosos que se dan de vez en vez, y de gozar así de lo mejor que él puede darle. Sin embargo, la mayoría de los amantes albergan la fantasía de que tarde o temprano serán una pareja formal, y sufren en silencio el tener que vivir en la soledad y en la clandestinidad.

Desde ese lugar, que es el más común, el tercero en discordia tiene que afrontar una sensación de impotencia ante la poca maniobra de que goza para convivir con su amor, así como del escaso influjo que tiene sobre las condiciones familiares del otro para inducirlo a decidirse de una vez por todas por esa relación. La sensación de impotencia se exacerba cuando la vida del tercero gira en torno a esa sola persona: elabora estrategias para adaptarse a sus tiempos, enfrenta la imposibilidad de iniciar otra relación, incluso la certeza de que la otra persona jamás dejará a su pareja.

Otra experiencia subjetiva del tercero es la sensación de estar en desventaja porque no ocupa el lugar público de la pareja formal, y no cuenta con la presencia permanente de su amor. Esto sin mencionar los sentimientos de soledad y mentira en eventos y celebraciones de importancia donde se esperaría estar en compañía del amado.

Los sentimientos de minusvalía y de rencor pueden ser la constante también: «¿Cómo es que si tanto me amas no buscas terminar "aquello" y quedarte aquí?», «¿Acaso no soy suficiente como para que dejes todo por mí?».

Además del dilema emocional que se experimenta –enojo, tristeza, celos y desventura–, viene el afrontamiento real de la soledad y la mentira: es común escuchar sobre la desazón que consume al tercero, sobre todo en los días festivos, cuando se queda solo, mientras el amante comparte tiempo con su cónyuge. A esto se suma la mentira: muchos amantes no comparten con sus familias y amigos que están en una relación; por temor al juicio y al estigma social, así como por el cuidado que tienen de preservar el bienestar de cada uno y de la relación.

Algunos de esos *terceros* inician la relación como un juego, una aventura, una dosis de adrenalina y como una experiencia de redención; pero conforme avanzan los días la relación toma cierta constancia y deviene el involucramiento emocional, los acuerdos para lograr los encuentros, e incluso el desafío de ser perseverantes.

Al paso del tiempo, cuando se empieza a desear que la triangulación sea temporal, surge la sospecha de que este acuerdo pueda nunca terminar en el altar. Así se inician las discusiones y empieza el desgaste. Esa fase puede continuar por tiempo indefinido, y por lo general con peleas que distancian a los amantes; en ocasiones surge el acuerdo mutuo de que el romance ha perdido su razón de ser, o bien se mueven hacia la determinación de una decisión: abrirse como relación pública o conducirse unilateralmente a la extinción. Si antes de un rompimiento los amantes reflexionan sobre lo que quieren que esta relación sea en la vida de cada uno y negocian un entendimiento mutuo, quizás puedan establecer acuerdos que les permitan funcionar y conservar lo mejor que se dan dentro de este vínculo.

En general, la mezcla de experiencias que vive el tercero puede convertirse en un cúmulo de reclamos e insatisfacciones que empiezan a pesar más que el gozo mismo de los encuentros. No es poco común que el malestar detone alguna conducta que favorezca el descubrimiento de la situación y la explosión de una crisis que impulse necesariamente a una resolución: todos conocemos también esas historias en las cuales el amante «manda un anónimo» o la esposa recibe una llamada con información y amenazas.

No solo la acción directa del tercero puede generar el descubrimiento: también sabemos del mensaje de amor descubierto en el teléfono, de la factura de un hotel encontrada en el buró, de la página de Facebook que se olvidó cerrar, y con ello inicia el peregrinar de sospechas que ponen en riesgo el sostenimiento de la situación. Estas desafortunadas acciones decantan con frecuencia en el rompimiento del triángulo por la devastación que generan, e impiden que la relación progrese.

Es menester que quien ocupa este lugar reflexione sobre si se siente en una relación de abuso y descuido por parte del amante, y, de ser el caso, busque resolverlo o bien se retire, pero no le corresponde actuar en perjuicio de otros que forman parte de la ecuación (cónyuge, hijos u otros familiares o amigos) para saldar cuentas de lo que el amante no le está dando. También es necesario visualizar al tercero como un «ser de carne y hueso» que requiere cuidado y consideración, tanto como a la familia del amante, una entidad que no tiene por qué salir dañada.

Quizás uno de los retos centrales de la postura del amante, cuando la situación deviene en algo más lastimoso que gozoso, es analizar –más allá del amor que experimenta por su pareja– si quiere permanecer en el triángulo como elección consciente o por necesidad. A veces el sostenimiento de un malestar prolongado no solo tiene que ver con la solidez del vínculo amoroso construido con el tiempo, sino con la serie de lazos económicos y dependencias emocionales generadas, que se antojan imposibles de soltar.

La motivación interna y la posibilidad de mantener la situación, y no la sensación de «incapacidad o minusvalía», es lo que debería promover la conservación o el final de la relación. ¿De qué sirve que te quieran si no te quieren como quieres que te quieran?

La terminación de una relación triangular también implica consideraciones y cuidados para no dejar despojado o alienado al tercero tras años de intercambio; los acuerdos que cada pareja asuma dependerán de la forma como se consolidó el vínculo, pero ser el tercero no le limita a la postura de «nada puedo pedir yo».

Cualquier relación amorosa, aun en óptimas circunstancias, tiene el riesgo de terminar; cuestionar si esta relación ha llegado a su fin, en tanto que resta más de lo que da, es algo que el amante tiene que valorar.

Si para él se ha vuelto inaceptable la posición de ser el tercero, más que amenazas y ultimátums que llevan a discusiones y alejan una solución, la persona tiene que elaborar una estrategia personal que le ayude a ponerse límites a sí misma y no a querer manipular la situación: «me doy a la tarea de ampliar mi círculo de amigos y mi posibilidad de encontrar otra relación, ya sea para terminar esta o para equilibrarla», «respeto el plazo que me has dado para que resuelvas tu situación, pero si nada cambia, seré yo quien se retire».

Las relaciones triangulares rara vez surgen propositivamente. Su terminación, con todas las dificultades que representen, sí puede ser una decisión; pocas cosas duelen tanto como perder un buen amor, pero cabe entonces hacerse la pregunta: «¿Puedo considerar un buen amor esto que estoy viviendo?».

Posicionarse como víctima desvalida, lejos de conmover a la pareja a decidirse por el tercero –en caso de que sí contemple la opción–, será un detonador de más problemas y de un mayor deterioro de la relación. La faena no es fácil, pues sabemos que la imposibilidad, la distancia y la incertidumbre son la materia prima de la pasión.

El triángulo se caracteriza, además del engaño, por una especie de impotencia y sentido de condena. Y si el amor, los celos y el miedo se entretejen en su trama, es porque han existido a lo largo de la historia de la humanidad. Comentarios y señalamientos de todos tipos se hacen en relación con esta realidad; sin embargo, hay quienes se asumen como seres «triangulares». En este capítulo analizamos el asunto desde la mirada de la infidelidad y por tanto del engaño, la culpa y la ocultación, y de cómo se compenetran al consensuar la triangulación en una energía especial que puede degenerar en disputas, espionaje y violencia también, pero en el mejor de los casos podría dar origen a cosas fascinantes de las cuales hay testimonios en el arte, en el cine o en la vida.

De esto hablaremos en otro capítulo; por ahora nos adentraremos en cómo salir del hoyo después de descubrir una infidelidad.

CAPÍTULO 7

PASOS PARA SALIR DEL HOYO

Lo primero que conviene precisar es que no siempre la infidelidad implica un enamoramiento alternativo, ni este conduce forzosamente a la infidelidad. La segunda precisión es que los hombres y las mujeres presentan notables diferencias en la forma de correlacionar ambas variables: por regla general, los hombres tienden a ser más infieles, sin que ello suponga que haya un compromiso emocional con otra persona, mientras que las mujeres suelen requerir mayor involucramiento emocional para consumar la infidelidad; aunque entre las nuevas generaciones, las diferencias se van reduciendo, porque las mujeres se están incorporando al modelo que, hasta hace pocos años, se consideraba característico del sexo masculino.

El efecto principal de descubrir una infidelidad es la sensación de traición y la pérdida de la confianza. Sorprender a la pareja en estas andanzas puede producir un choque emocional que suele quedar grabado como un evento traumático en la psique. Algunas infidelidades son la crónica de una muerte anunciada del amor, de modo que cuando la persona la confirma, vive una mezcla de confusión, alivio y resignación; pero, por el contrario, mientras más sorpresiva e inesperada sea la noticia, los efectos suelen ser más caóticos, devastadores y difíciles de asimilar y superar.

En ciertos casos las personas se enteran de la infidelidad de su pareja porque esta lo reconoce directamente ante las preguntas, señalamientos e incluso persecuciones del traicionado. También se da el caso de que la persona infiel confiese *a priori,* al sentirse desbordada por la culpa y la desesperación; sin embargo, es más común que el traicionado se dé cuenta por sí mismo del suceso o que alguien lo ponga sobre aviso de la situación: una amistad, un familiar, o incluso el amante mismo.

Una vez descubierto el engaño, inicia un proceso de reacciones tormentosas mezcladas con la necesidad de tomar decisiones importantes. Comienzan a evaluarse aspectos relacionados con la posible separación. Se avanza y retrocede en el reconocimiento del error, el arrepentimiento y la reparación del vínculo. En algunos casos se desatan interacciones violentas que ponen en riesgo la integridad de uno o de los dos miembros de la pareja (incluso del tercero también); si bien el enojo es una reacción normal para mostrar la indignación y el dolor ante la noticia, los abusos verbales, económicos e incluso físicos son inadmisibles: no hay por qué pasar del territorio de la infidelidad al de la criminalidad, y si la situación en este sentido se torna incontenible, vale la pena plantear una intervención que evite el riesgo de alguna lesión irreparable. La «puesta en escena» de una infidelidad implicará costos y consecuencias para la pareja; pero, insisto, la violencia no es en absoluto el camino hacia la solución.

Otras personas, después de años de haber vivido una crisis de este tipo, quedan sometidas al dedo flamígero del cónyuge que usa la añeja traición para acotar la vida de su pareja dentro de los límites que considera «justos» y que le generan tranquilidad. Esto es inadmisible también, y requiere un manejo adecuado, puesto que una relación circunscripta desde parámetros ajenos se torna en dependencia, en sometimiento, en una posesión, pero de ninguna manera hace viable un vínculo amoroso restaurado.

7.1. ¿QUÉ TANTO ES TANTITO? FACTORES QUE ATENÚAN O EXACERBAN EL IMPACTO DE UNA INFIDELIDAD

Si bien en otros capítulos hemos analizado diferentes circunstancias y factores que entran en juego para evaluar el impacto y la gravedad de la infidelidad, en este capítulo veremos algunas de las variantes que facilitan o dificultan el camino de la recuperación, así como una propuesta de proceso para apoyar a la pareja en salir del atolladero, si es esa su intención.

Hay relaciones donde los integrantes se acostumbran a vivir en el conflicto crónico; de hecho, lo requieren para confirmar que algo está vivo entre ellos dos, y las infidelidades –y otras formas de provocación– son solo un *elemento estabilizador perverso.* Enseguida expongo algunos tipos de relaciones cuya habitualidad y necesidad del conflicto necesitan otros abordajes.

No todas las infidelidades son iguales porque no a todas se les concede la misma importancia. El significado de un engaño correlaciona diversos factores: si bien cada persona y cada pareja asimila de forma diferente las variantes que se conjuntan, en términos generales los siguientes componentes atenúan o exacerban el impacto del hecho.

- *Las circunstancias.* Los detalles concretos: el cómo, dónde, cuándo, con quién y cuántas veces son determinantes para asimilar el evento o para que resulte inaceptable.

No es lo mismo una cana al aire con un desconocido, al regreso de un viaje de negocios, que una relación sostenida con una hermana, en la cama conyugal, mientras la esposa estaba pariendo en el hospital. A mayor cercanía amistosa o familiar del amante, a mayor duración y frecuencia de la relación, mientras más intrusiva sea la invasión de los territorios conyugales, a mayor involucramiento emocional, y más carga en las circunstancias particulares del miembro afectado –estar padeciendo una enfermedad, atravesar la muerte de un ser querido, sobrellevar un despido–, la infidelidad será más traumática.

- *Las características del amante.* Parece mentira el hecho de que el o la amante tenga algunas desventajas o rasgos «inferiores» (menor nivel educativo, estatus social, atractivo físico, deficiente alfabetismo emocional) perturbe más al engañado. Como si la identidad y el propio valor se viera en riesgo al pensar que su pareja eligió a alguien que es «menos» de lo que ya tiene en casa. Cuando el traicionado valora negativamente la elección del amante de su pareja, se devalúa también la admiración por el propio cónyuge, no solo hiere la traición a la confianza. A esta percepción se suma que en general las mujeres tienden a sentir mayor amenaza si la otra es más joven y atractiva, mientras que los varones se sienten en desventaja si el otro es más exitoso laboral y socialmente. Los estereotipos de género no trabajados están presentes desde la cuna, pasando por la cama, hasta la tumba.
- *La personalidad del traicionado.* Hay otros factores relacionados con la persona a quien se le es infiel, como la confianza básica desarrollada en la infancia, efecto del apego seguro brindado, o no, por los cuidadores primarios: algunas personas requieren certeza y confirmación constante por parte de su pareja; estas personalidades

tienden a ser emocionalmente dependientes y afectivamente sobreapegadas; por tanto, la ya de por sí perturbadora infidelidad puede tener efectos devastadores en ellas, en tanto que experimentan una pérdida total de certezas y una absoluta desaprobación de su persona por parte de su pareja. En estos casos, la infidelidad devasta la identidad completa de quien la vive, dificultando su relativización, y sumiéndola en un estado de desolación y desesperación que podría devenir ideación suicida u homicida. Un trabajo de madurez y autonomía emocional ayuda a que el impacto de una infidelidad, sin dejar de ser doloroso, se maneje mejor: una persona con un equilibrio emocional suficiente y con una madurez conveniente, vivirá de manera menos perturbadora el agravio y contará con más recursos para sobrellevarlo, permanezca o no con la pareja.

- *La dependencia económica del traicionado.* El hecho de no contar con una autonomía material para dejar la relación –o al menos pasar unos días fuera de casa en un hotel, por ejemplo– genera una sensación de sumisión e impotencia mayor. A esta limitante concreta se suma la imposibilidad de vislumbrar un futuro propio y de necesitar a la pareja para subsistir. Esto ocurre con mayor frecuencia en el caso de las mujeres que priorizan –o se les enseña a priorizar– su vida conyugal y familiar, como efecto de una socialización patriarcal, sobre su desarrollo profesional, y que con el paso del tiempo se sienten doblemente traicionadas: por haber dejado toda aspiración personal ante la posibilidad de un «amor eterno», y por la infidelidad misma.
- *Existencia de un enamoramiento alternativo.* Si de los encuentros sexuales –porque sin duda el sexo, el buen sexo, sí vincula– deriva un enamoramiento, el proceso de cerrar el episodio infiel puede ser muy complejo. Se requiere, primero, que quien haya cometido la infidelidad

desee terminar con el amorío (lo cual es particularmente difícil cuando hay un enamoramiento –¡o incluso un hijo!– en juego); segundo, que se tolere el tiempo que implica mover la relación con el amante (es impensable que un proceso psicofísico como un enamoramiento se desvanezca en dos días), y tercero, que se genere la distancia física o emocional entre la pareja base para que el asunto se resuelva cabalmente, sin que eso signifique terminar la relación.

La intensidad de la pasión de una infidelidad puede ser un factor determinante en la posibilidad de remontar la crisis de pareja, pero hay que considerar que la pasión es diferente al amor. Y justamente la pasión es lo que caracteriza las infidelidades.

La pasión es como un fuego intenso: arde, pero no necesariamente dura; por tanto, la importancia de una infidelidad y el pronóstico de su posible asimilación no deben establecerse solo en función del placer que genera, sino también de los otros factores que mencionamos.

Una infidelidad rompe los acuerdos de exclusividad sexual y resquebraja los límites de la vida de pareja, tanto en el cuerpo como en los sentimientos: genera la sensación de que la pareja no podrá ser nunca lo mismo, y es verdad. Con frecuencia pregunto a mis pacientes si de niños creían en Santa Claus, y suelen contestar que sí... Luego pregunto si fue desagradable enterarse de que no existía, y también contestan que sí...

–¿Pensaron en aquel entonces que las fiestas decembrinas nunca serían lo mismo después de descubrir que Santa Claus no existe?

–Sí.

Por último, les pregunto:

–Pasado ese diciembre, donde a sus ojos se abrió un telón imposible de cerrar, ¿han vuelto a disfrutar las fiestas navideñas?

–Sí.

Lo mismo pienso de la infidelidad: si bien cambia por completo la visión previa de la vida en pareja, del sexo, del amor, de la confianza, y no hay manera de regresar a la etapa previa de desconocimiento y de cierta ingenuidad, cuando se logra asimilar la infidelidad, la vida de pareja puede –y en muchos casos vuelve a– acomodarse y ser disfrutable. Para que esto ocurra es necesario integrar un principio de riesgo y realidad que se tenía invisibilizado. Si por alguna razón la pareja no logra estabilizarse y termina la relación, es importante asimilar la experiencia porque de ello depende la posibilidad de rehacer una vida de pareja satisfactoria sobre principios de realidad y no sobre traumas enquistados.

7.2. DEL *SHOCK* AL EQUILIBRIO BASE

Recién descubierta la infidelidad es difícil comenzar un trabajo de procesamiento y recuperación de la experiencia, debido al caos emocional que se vive. Es importante entender que el *shock* del descubrimiento requiere un primer paso que permita el restablecimiento de un equilibrio básico, pues un cúmulo de emociones perturbadoras invaden a la persona cuando se entera de lo ocurrido.

De una forma diferente, también hay una crisis en quien comete la infidelidad. Desconcierto, ira, temor, culpa, humillación y celos se empalman, se traslapan y llevan a actuar de manera impulsiva. Si bien hay mucho que pensar y decidir respecto a lo ocurrido, no existen las condiciones necesarias para hacerlo. La irracionalidad impera, y por tanto la imposibilidad de tomar decisiones acertadas es la constante. En este momento lo que corresponde es salir del caos y retomar un equilibrio básico, tanto a nivel personal como en las interacciones de pareja.

Salir del caos implica atravesar los primeros días de confusión, desmoronamiento, dolor y rabia, con la certeza de que la intensidad bajará y el evento se acomodará. ¿Que si quedarán secuelas? Por supuesto: de diferente magnitud y duración, dependiendo de las circunstancias que enmarcaron la infidelidad y de la forma de abordar este primer paso del proceso. ¿Que si la vida retomará su sentido? También, aun sin la certeza de hacia dónde se dirigirá la crisis, se puede confiar en que la vida es más que una crisis de pareja, aunque las experiencias de desamor a veces nos hagan sentir que con ellas se nos va la vida.

Son muchos los aspectos que habrán de cuestionarse y confrontarse en el futuro próximo. Los gritos, los arranques de ira y las peticiones ofuscadas de explicaciones innecesarias no son las mejores formas de determinar el camino que se seguirá. Las emociones, como torbellinos, orillan a tomar decisiones apresuradas para salir de un malestar insidioso que se desea erradicar cuanto antes; sin embargo, es importante experimentarlo, vivirlo, atravesarlo paso a paso y aprender a manejarlo mejor; su fuerza bajará paulatinamente, y será no de manera lineal. El control de la impulsividad es central en estos primeros momentos.

Es necesario *pensar antes de actuar.* Es complicado; por eso, en el inicio de la crisis, hay que confiar en que el remolino afectivo irá cediendo de a poco y que en algún momento la mente tendrá mejor discernimiento para reflexionar con oportunidad y cautela lo que corresponde hacer ante la experiencia vivida. Para lograr esto se requiere contención emocional, un desahogo adecuado y contar con personas que nos apoyen. También se necesita dejar pasar el tiempo. Es sobre estos puntales que se dará a la infidelidad su justa dimensión y se podrá trabajar sobre su contenido.

Las decisiones futuras sobre la vida personal y la relación de pareja vendrán después. Salir del caos antes de actuar no significa dejar pasar de manera evasiva seis meses o más, sino entender que darse el tiempo suficiente –como mínimo un par de semanas– es indispensable para evadir la volátil afectividad y retomar la estabilidad emocional.

Insisto: esta primera etapa del *shock* implica riesgos, por los niveles de violencia que pueden generarse en las interacciones de pareja. Si la integridad física y emocional de uno o ambos miembros de la pareja está en peligro, será importante limitar los encuentros físicos y los intercambios verbales, pedir que un tercero (familiar, amigo o profesional) esté presente en caso de que la pareja necesite encontrarse para la resolución de algo práctico y urgente. Puede ser incluso necesario plantear una distancia física –tal vez vivir temporalmente en lugares distintos– y, muy probablemente, buscar ayuda profesional para no incurrir en intercambios riesgosos que puedan tener secuelas irreversibles y que den paso a más problemas de los que ya se están afrontando.

7.3. EL ABC DE LA RECUPERACIÓN

Una vez apaciguado el caos del *shock* inicial, se sugiere usar esta propuesta concreta de pasos como una posible ruta crítica para llegar a buen puerto después del incidente. Debemos tener presente que nadie puede asegurarnos un desenlace feliz tras la experiencia vivida; sin embargo, el atravesar el proceso sugerido permitirá el cuidado personal y el respeto mutuo, así como mayores posibilidades de asimilar el trauma y de tomar decisiones oportunas.

1. *Establecer una comunicación moderada pero abierta.* Calmadas las aguas, es oportuno tener un diálogo sereno y eficaz. Seguramente hasta este punto ha habido intercambios llenos de enojo, amenazas, excusas, preguntas incisivas y respuestas erráticas que no ayudan a avanzar en el proceso. Vale la pena elegir un territorio neutral que favorezca un diálogo sostenido y que impida las huidas para evitar el tema, así como desproporcionados exabruptos que generen más dolor. Puede ser en un café, un parque; incluso, en un espacio terapéutico.

Es entendible que la persona a la que se le traicionó quiera tener información básica de lo ocurrido; pero sobra decir que los detalles, lejos de ayudar a la sanación, exacerban una necesidad morbosa de saber más y dejan una huella difícil de borrar. ¿Cómo convencer a ambos miembros de la pareja de que la sinceridad sirve, pero solo si viene acompañada de la sensatez?

La postura de «dime todo lo que te pregunto y te perdonaré», o bien «si me das toda la información que requiero me será más fácil recuperar la confianza», constituye una premisa errónea en el intento de recuperación tras una infidelidad. Mi propuesta es: ¡no preguntes!, o pregunta solo lo que de verdad puedas procesar, sé cauteloso: si te atreves a preguntar lo que no «debes», corres el riesgo de escuchar lo que no quieres.

La morbosa curiosidad que pregunta detalles del suceso pretende llegar a una equivocada sensación de control ante lo incontrolable, y es peligrosa porque puede llevar a información que haga irreparable la herida. Además, si la persona que cometió la infidelidad es sensata y prudente, limitará la información solicitada y evitará que a la suma del engaño de lo hecho se agregue el engaño de lo dicho.

Aunque la persona traicionada se sienta con el derecho de saber todo, es importante insistir en la pertinencia de lo que se dice y en la forma en que se dice. Es razonable y válido querer obtener información básica, pero esa es la clave: lo *adecuado* y *conveniente*. Ahora bien, si por algún motivo, la pareja lastimada ya tiene más datos de los necesarios, no es apropiado negarlos. En este caso el interés de distorsionar y confundir más a la persona lastimada sumaría al agravio, haciéndole sentir estúpida o pidiendo que desconfíe de sus fuentes y de su propia inteligencia, si la información es veraz.

Lo que se sabe no se puede negar, mientras que los detalles y datos «que no se han puesto sobre la mesa» deben dosificarse, en función del efecto reparador o destructivo que puedan desencadenar. Hasta en las confesiones bien intencionadas puede haber rudeza innecesaria: se puede ser del todo honesto sin ser transparente, pues la verdad a rajatabla no es productiva para todos. La distinción entre verdades esenciales para reconstruir y verdades innecesarias para sanar es de central importancia. Ante la duda de qué decir y qué callar, nunca sobra consultar: ¿decir esto es bueno para quién?, tomando en cuenta que en este caso quien comete la infidelidad, si bien no descuidará su integridad, está buscando en primer lugar proteger a su pareja, que está mucho más lastimada y vulnerable.

2. *Experimentar el dolor necesario.* Descubrir una infidelidad implica una cascada de emociones: miedo, enojo, culpa, tristeza... Son muchas pérdidas que se tienen tras un episodio de infidelidad: no necesariamente se ha de perder la relación de pareja, aunque sí se han de dejar atrás las fantasías de exclusividad absoluta, creencias sobre el «amor perfecto», las esperanzas de garantías imperecederas y los sueños de confianza total.

   El proceso de duelo estudiado y descrito por la psiquiatra y escritora Elisabeth Kübler-Ross, en su libro *Sobre el duelo y el dolor,* para afrontar la muerte puede aplicarse a muchas pérdidas, incluidas las que se mencionan en el párrafo anterior. Vale la pena revisarlo desde la perspectiva de la infidelidad.

- **Fase 1.** La primera reacción a la pérdida es la negación. Como cuando se dice: «mi esposa no hizo eso», «están confundiendo a mi pareja, él sería incapaz».
- **Fase 2.** Conforme se empieza a aceptar que la infidelidad fue un hecho, enfrentarla requiere negar

concepciones pasadas: «fue solo una cana al aire que no hará mella en nuestra relación», o «seguro el otro es un *pelafustán* que pronto saldrá de nuestras vidas», o, más aún: «él se dará cuenta de lo mucho que valgo y se olvidará de esa mujer». Esta fase es delicada para el proceso de recuperación porque puede impulsar una resolución rápida y banal –más evasiva que resolutiva– que lleve a una precaria estabilidad de pareja sin la actualización de los acuerdos del vínculo o sin la necesaria terminación de este.

- **Fase 3.** Una vez integrada la realidad de la infidelidad se desarrolla una sensación de enojo arraigado y sostenido. Este enojo va más allá de las explosiones iniciales, implica una rabia profunda por los sueños perdidos, las promesas quebrantadas y la desconfianza sostenida. El enojo puede canalizarse hacia adentro, cuando el temor impida la confrontación del asunto, generar una depresión que impedirá sacar a flote el bienestar personal y la posibilidad de resolución. Otra arista del enojo es redirigirlo hacia fuera, atacando a la pareja o al amante, e impidiendo la reflexión personal y las vías de integración y acomodo. Enojarse no solo es válido, sino necesario; dar cabida a la expresión de la furia es parte del proceso de sanación, pero usar en forma oportuna esa energía para atravesar el campo minado de la infidelidad es necesario para no llevar la crisis a una innecesaria e irreversible explosión.
- **Fase 4.** En esta fase se deja ir el agravio; no es lo mismo que olvidarlo, y en cierto sentido se asemeja a la oscuridad antes del amanecer. Es un periodo de crecimiento personal que impulsa a soltar lo que no funcionó, tolerar la incertidumbre de la transición, adquirir información útil para la sanación y asumir responsabilidad ante lo vivido. Dejar ir ayuda a cons-

truir una identidad más sólida, y a no perder el equilibro ante lo vivido. Saber que la tristeza que se siente es proporcional a la pérdida y que tendrá un final. Hay que permitirse experimentar esta melancolía por lo que no pudo ser. Esto evitará que se instale una depresión y un resentimiento destructivo: es el estadio previo de la aceptación.

- **Fase 5.** Alcanzar la aceptación es reconocer lo vivido con serenidad, aunque no sin dolor. En esta etapa se va liberando poco a poco el dolor emocional del proceso y se puede pensar en la vida, con o sin pareja, con mayor serenidad.

3. ***Revisar la relación.*** Muchas parejas se estancan revisando la infidelidad en lugar de cambiar el foco y reflexionar sobre su relación. ¿Cómo llegamos a esto que atravesamos? ¿Es un asunto personal? ¿Qué interacciones o experiencias favorecieron que ocurriera? ¿Nuestra pareja requiere refrescarse? ¿Estamos listos para un nuevo modelo de relación? ¿Es el principio del fin? ¿Es el fin de lo que no queremos más?

   Descentrar la infidelidad como único tema de análisis para hacer una reflexión concienzuda de la vida de pareja –lo que le dio vida en un inicio, lo que consolidó el vínculo; lo disfrutable y lo desgastante; lo que lo debilitó, y lo que se espera del futuro– pone en perspectiva lo vivido y abre opciones de recuperación. Retomar lo que la relación aportó o aporta, señalar las heridas acumuladas en el transcurrir de la vida en común, reconocer la responsabilidad de cada uno y visualizar el futuro facilitan honrar lo vivido, reconocer lo que aún se conserva y flexibilizar la apertura de manejos oportunos que acomoden la situación.

   Posicionarse en el papel de víctima limita la posibilidad de reflexionar sobre la propia responsabilidad, debilita el cultivo de la agencia personal e impide la toma de decisiones para afrontar lo que se vive. Posicionarse en el papel de villano promueve conductas de sumisión en los otros, que recrean el malestar relacional o bien agresión y una actitud defensiva que tampoco promueve mejores soluciones.

4. *Restaurar la confianza paso a paso.* Restaurar la confianza toma tiempo. Al inicio se vive con muchas dudas, la suspicacia toma un lugar primordial en los intercambios de pareja y los reclamos pueden estar a la orden del día. Este recorrido implica una situación incómoda, desconcertante y dolorosa; pero, aun así, la relación puede rescatarse, o bien terminarse con cuidado mutuo y dignidad.

Recuperar la confianza es el desafío más importante para una persona que vivió una infidelidad. Si bien en muchos casos su pareja le dice que quiere continuar, que está comprometida, el pensamiento rumiante usual es: «Si ya me traicionó una vez, seguramente lo hará de nuevo». Y si bien nada nos libera de la incertidumbre amorosa que la vida conlleva, también se pueden recobrar seguridades suficientes para continuar la vida en común. El primer paso para recobrar la confianza es la claridad de que ambos cónyuges quieren seguir juntos; es momento de definir, tras la crisis vivida, el posicionamiento de cada uno en la relación.

Para iniciar una pareja se necesita el consenso de dos personas; para terminarla, basta con que uno de los cónyuges no quiera o no pueda continuar. ¿Por qué insisto en *poder* y no solo en querer? Porque puede ser que el deseo de permanencia se sostenga, pero la posibilidad de superar –en la vida diaria y en las acciones cotidianas– el desasosiego se dificulte y se resquebraje más la relación. Si ambos pueden reconocer el problema sin negarlo o sin eludir las responsabilidades, entonces el camino para recuperar la relación comienza a transitarse.

La recuperación de la confianza implica, incluidos el tiempo y el acomodo del evento, dos planteamientos básicos:

- *Renegociar la relación:* Cambiar las reglas del juego, revisar y modificar las condiciones que dieron origen a la situación de infidelidad, reinventar el tipo de relación que quieren de ahora en adelante, puesto que seguramente los intercambios previos estaban basados en premisas, supuestos, intereses, deseos y valores que no aplican más.
- *Sumar a la relación:* Hurgar el pasado regresa al trauma. La recuperación implica atención, cuidado y creatividad. El desgaste de la relación y la superación del trauma demanda acciones concretas, gozosas, placenteras, divertidas, amorosas, consideradas y sostenidas en el tiempo. No hablo de grandes hazañas esporádicas –que claramente pueden dejar un buen sabor de boca–, sino de pequeñas y continuos actos que den cuenta de la implicación física y emocional en la vida que recomienza la pareja. Sumar actividades, gestos y actitudes refrescantes a la relación no solo despliega un potencial personal que cada miembro de la pareja quizá no sabía que tenía, sino que también facilita que se observe la posibilidad de reconstruir y de dejar en el pasado, con el menor impacto posible, el efecto de la infidelidad. La marca quedará, pues el recuerdo es imborrable, pero la vida de la pareja puede seguir e incluso consolidarse después de la infidelidad.

El desafío de esta etapa es aprender a escuchar y descubrir nuevas maneras de conversar: la crítica continua, el desprecio mutuo y la evasión impiden diálogos constructivos y charlas enriquecedoras. La palabra es una herramienta poderosa para construir o destruir, y un instrumento central para el manejo de los conflictos.

5. *Decidir una buena continuación o una buena terminación.* Será el paso del tiempo, la retroalimentación de la realidad andada y el deseo de ambos miembros de la pareja lo que dará cuenta de por dónde van las cosas. No hay manera de negar la realidad de lo que se vive al interior de la relación tras los intentos y estrategias para sacar el barco a flote. Si eliges continuar, pero no puedes dejar de mencionar lo sucedido, es mejor poner distancia, ya sea para promover la recuperación, o bien para preparar la separación. Si tu elección tiende con claridad a terminar la relación, el enojo, los reclamos y el rencor son vehículos que facilitan el alejamiento en el corto plazo, pero a la larga cobran costos altos, pues no son una manera adecuada de cerrar. De hecho, las separaciones aguerridas suelen dejar un sabor de «deuda pendiente» o de «proceso inconcluso» que dificulta continuar la vida. Es necesario ejecutar la decisión deseada de manera consciente y, de ser posible, acompañados por un profesional. Este proceso de sanación no ocurre de un día para otro, pero las elecciones para echarlo a andar y recorrerlo sí implican, en su momento, tomar decisiones y acciones puntuales que se asemejan a la siembra correcta para la cosecha adecuada.
6. *Trabaja en tu madurez personal.* Para continuar la vida de pareja en común o para soltar la relación e iniciar un nuevo camino, la tarea del crecimiento individual es ineludible. A mayor seguridad personal, menor impacto de la infidelidad (y mayor resiliencia ante cualquier sufrimiento vital); a mayor autoconocimiento, más aceptación de uno mismo y mejor uso de los recursos personales para construir un proyecto de vida satisfactorio y lleno de propósito. La vida de pareja es un camino de

crecimiento. No puedo dejar de compartirte que incursiones en mi taller *online* de autoestima, este te permitirá conquistar la experiencia de ser competente, contar con seguridad y valía personal. Te invito a visitar mi página web: www.terediaz.com.

Si bien el asunto de la recuperación es un trabajo de la pareja, las personas cercanas a esta pueden ser salpicadas por el impacto de la infidelidad. El manejo del entorno es de vital importancia, no solo para la resolución del dilema, sino también para evitar damnificados innecesarios en el recorrido.

En particular los hijos tienen que quedar al margen del asunto. No sugiero con esto negarles una realidad que muchas veces ellos descubren antes que la pareja misma. De nada sirve ocultarles algo que quizá conocen o que están resintiendo al ver los enojos y el sufrimiento de sus padres, pero tampoco es pertinente darles información de más y menos aún hacerlos aliados de alguno de los padres, comúnmente del traicionado. A los hijos hay que dejarles claro que lo que están viviendo es un asunto doloroso y complejo, pero que es tema de los padres, y que, si bien genera sorpresas y lastimaduras, no quita valor a lo que el cónyuge culpable sí le ha dado a la pareja y a la familia, ni le quita integridad como padre o madre.

Por otro lado, en cuanto a familiares y amigos, valdrá la pena considerar con quién compartir lo sucedido desde la premisa de que, en este momento, lo que se requiere es una escucha sin juicio y solo consejos solicitados. Las personas que acompañan estas experiencias, dependiendo de su trayectoria de vida e ideología, difícilmente podrán esconder los propios prejuicios y emociones, así como alianzas relacionales con alguno de los miembros de la pareja que a la larga pueden obstaculizar, más que allanar, el camino que la pareja elija recorrer.

Siempre es pertinente solicitar apoyo profesional, ya sea como mediación, como terapia o como medio de contención. No dudes en pedir ayuda al grupo de Psicoterapia La Montaña en el 15570199, este equipo de profesionistas que trabaja conmigo está capacitado para acompañarte en este arduo proceso.

7.4. RECUPERARSE DEL DOLOR: DE QUÉ SE TRATAN LA CULPA Y EL PERDÓN

Las relaciones amorosas transitan por circunstancias en las que las culpas y el perdón requieren atención. Y es que el amor no es el territorio de la justica ni de la verdad, sino de la complejidad y del deseo. Aunque la culpa y el perdón son parte del tejido de la experiencia infiel, revisaremos por separado algunas de sus expresiones y sus significados.

La culpa: el arte de reconocer el dolor del otro

Cuando decimos: «me siento culpable», solo nombramos una parte de la realidad psicológica que vivimos, nos identificamos con el sentimiento que estamos experimentando en ese momento. La otra parte que no percibimos tan fácilmente tiene que ver con esa voz interior que nos inculpa, que indica que hemos transgredido algún tipo de código. Pero ¿acaso transgredir cualquier código es razón para sentirnos culpables?, ¿será que todas nuestras creencias, costumbres y normas son verdades absolutas que han de ser respetadas?

Reflexionar y revisar la visión que gobierna nuestra vida y el origen de nuestros usos y costumbres es imprescindible al entrar en el territorio de la culpa, ya que con frecuencia hacemos cosas impulsados por una inercia no cuestionada, acciones a las cuales valdría la pena oponer cierta resistencia. Ante una infidelidad se ha de asumir responsabilidad, pero también se ha de trabajar con una culpa desproporcionada o absurda.

¿A qué se es fiel? Dependiendo de la respuesta a esta pregunta, la culpa o el perdón serán diferentes. Hemos venido proponiendo que la fidelidad no tiene que ver tanto con la exclusividad sexual, sino con la relación amorosa. Uno es fiel no por ser monógamo o por no desear más que al propio cónyuge, sino porque respeta y favorece el crecimiento de su relación amorosa, porque le importa la otra persona y porque respeta los acuerdos planteados en la relación. Los acuerdos seguramente tendrán que moverse con el tiempo. A lo largo de la vida las personas cambian, y eso es parte de la actualización de los contratos amorosos.

Es importante hacer esta distinción, ya que las instituciones de diversos tipos, a través de los dispositivos de poder en general y del adoctrinamiento de la teología cristiana en particular, intentan imponer un código normativo que regule nuestras conductas y muchas veces exigen que el ser humano alcance estándares imposibles que solo conducen a la culpa; o bien promueve la adaptación a un malestar insidioso como prueba de carácter y compromiso.

Hay que señalar que uno no es transgresor y menos aún culpable por el simple hecho de sentir o pensar algo; ni siquiera las malas intenciones son un acto transgresor, aunque se vivan con culpa. Para hablar de culpa tenemos que referirnos a acciones. Esta distinción es importante porque hay una serie de pensamientos, sentimientos o intenciones que rebasan la voluntad humana y al no poder controlarlos pueden generar culpa, y con ella conductas represivas o bien autocastigos explícitos.

La culpa ha de ubicarse en el territorio de las acciones: uno es culpable por lo que hace y por lo que ha hecho. Entonces: ¿de qué habría que sentirse culpable? ¿De qué habría que liberarse y no sentirse culpable?

Tal vez la máxima culpa se da cuando utilizamos al otro para nuestro propio beneficio y dejamos de lado sus propios deseos, sus intereses, sus necesidades y sus valores. Se es culpable por las acciones ejecutadas que colocan al otro como objeto de uso personal: lo acomodamos a nuestros caprichos o necesidades, pero dejamos de ver lo que es bueno y valioso para él. Señalar la frontera de esta línea, al interior de la vida de pareja, puede ser difícil; para ello sirve preguntarse: «¿qué tanto hago esto por ti o por mí?».

Uno también puede sentirse culpable por la ocultación, pero hemos dicho que no siempre sirve exponer las contradicciones internas y la verdad a rajatabla en las relaciones amorosas. Si asumimos la complejidad y la contradicción de la vida en general y de la vida amorosa en particular, en uno u otro momento nos toparemos con la realidad de que no siempre se puede decir toda la verdad. Pero si tenemos que desvelar realidades que hubiésemos preferido mantener ocultas por las razones que fuesen, es probable que aparezca la culpa. De ahí también la necesidad de estar dispuesto a asumir la culpa o el daño que genere una ocultación no pactada.

Por otro lado, como decía, resistirse a lo impuesto desde una actitud transgresora puede llegar a ser un valor y no un motivo de culpa. Este discernimiento no puede hacerse más que a la luz de la compleja realidad particular de la persona y de su contexto para poder distinguir si transgredir con una acción particular es una falta o bien un aporte valioso. Habrá que hacer a un lado la culpa que solamente tortura y nada resuelve. De hecho, las grandes transiciones a lo largo de la historia de la humanidad se han dado porque se piensa diferente, se corren ciertos riesgos y se toman acciones que desafían el pensamiento previo para generar situaciones nuevas.

Sea por la razón que sea, en la vida de pareja, el tema de la culpa aparecerá tarde o temprano y ya no vinculada a antiguos complejos o falsas expectativas e imposiciones, sino relacionada a la realidad del momento y a la vida amorosa actual. Desde esta perspectiva, a diferencia del remordimiento que solo corroe la conciencia, la culpa también es constructiva porque supone admitir la existencia del otro; en este caso, de nuestro cónyuge: hay otro que existe y a quien tengo que considerar.

El auténtico reconocimiento de la subjetividad del otro hace de la culpa un instrumento de reflexión y reparación. La culpa que repara sirve para producir nuevas conductas de reconocimiento al otro, que restablezcan cierto equilibrio y confianza en la relación. El hecho de distinguir y asumir que nuestros actos han lastimado tiene en sí mismo un primer efecto reparador. Más aún, el hecho de ponerse a uno mismo en disposición de que eso, si es preciso, se pueda evitar.

En el tema de la culpa oportuna habría que evitar los polos extremos: ya sea la angustia desmedida que solo genera embotamiento, parálisis y aumento de la culpa, o, por el contrario, una disminución y negación de la falta cometida, de modo que se llegue al punto de la psicopatía, donde el otro queda borrado.

El perdón como elemento esencial para aceptar nuestras contradicciones

Llega un momento en la vida de pareja en que las diferencias de todo tipo, ya sea por las elecciones tomadas, por errores o bien por ocultación, suponen conflictos matizados por la culpa y llevan a la necesidad de pedir perdón.

El acto de pedir perdón y de perdonar es una necesidad humana, pero se ha abusado tanto de la palabra «perdonar», que convendría hacer algunas precisiones. Perdonar no significa decir que algo no ocurrió: las cosas pasan, sí, y tienen efectos en las personas. Por eso la idea del arrepentimiento total y del perdón absoluto pocas veces funciona: se da como una reacción a la crisis y generalmente es, como decimos coloquialmente, una llamarada de petate.

No podemos perdonar en el sentido en que se entiende en general: pretender que nada pasó, asegurar un cambio de conducta radical, ni prometer imposibles. Lo que sí podemos es gestionar un tipo de perdón que reconozca el dolor del otro, que repare en la medida de lo posible y que honre la integridad de la otra persona. También podemos perdonar intentando comprender y acomodar la ambivalencia de las relaciones amorosas, y reconocer nuestro error y el interés de manejar mejor nuestra conducta.

Para recorrer el camino del perdón primero habremos de entender que perdonar no es un acto puntual, sino *un proceso:* no perdonamos en un momento dado ni para siempre; el perdón requiere tiempo. Avanzar en esta experiencia implica atenuar el resentimiento, lo cual es todo un reto, pues no se puede olvidar a voluntad. A veces algunas acciones concretas conducen al olvido; si no al olvido total, sí a un desvanecimiento de la herida.

Perdonar es como una mancha de vino sobre el mantel que, a fuerza de pasar por agua, va perdiendo su fuerza y queda como una sombra diluida. El olvido total es difícil de alcanzar, y el piquete del dolor renace de vez en vez, pero también se puede elegir, como parte del proceso de perdón, aprender a vivir con eso, sin que interfiera en el curso y el crecimiento de la relación.

No nacemos sabiendo perdonar: aprendemos a perdonar. El perdón no es un acto natural: la ofensa, el dolor de lo padecido, la comprensión de lo ocurrido; en fin, todo lo que involucra perdonar son pasos que requieren entrenamiento. Tal vez se logre cuando el peso de las acciones deje de lado los recuerdos del pasado, resignificar lo ocurrido y volver al presente de la relación.

En el amor se viven contradicciones, y se seguirán viviendo, de ahí lo constructivo del perdón en tanto que nos permite escapar del peso del pasado y rechazar la fatalidad irreversible de lo ocurrido. El perdón, como proceso, es necesario para superar una infidelidad. Tratar de perdonar en lugar de traer a colación resentimientos del pasado facilita estar presente en la situación actual y brindar al otro y a uno mismo la posibilidad de cambio. Pero ¿de verdad se puede perdonar?

Suele decirse: «puedo perdonar, pero no olvidar». Sin embargo, en la vida real ocurre lo contrario. El olvido puede llegar si la vida de pareja empuja hacia otras ideas o situaciones más ricas que la desilusión vivida. Si se ejecutan nuevas acciones y se viven nuevas experiencias que nos pongan en otro lugar como pareja, podremos crear otra historia de lo ocurrido y atenuar los resentimientos, acomodarlos y a veces hasta «olvidarlos», no en el sentido de «no recordarlos», sino de lograr que no interfieran en el presente de la relación.

Sin atacar ninguna religión, con frecuencia el perdón tiene un eco cristiano de «bondad y deber ser» que no siempre son útiles; a veces se plantean más bien como una exigencia sobrehumana, pero somos humanos.

Por otro lado, podemos pensar que algo que ayuda a perdonar es tener alguna explicación de lo que pasó: y sí, muchas cosas tienen una explicación, lo cual modifica lo que sentimos sobre los hechos. Habiendo explicaciones –aunque no siempre las hay, porque somos seres contradictorios–, el perdón es necesario y útil para poder decir: «Lo que hiciste ya no influye en mi vida ni en el modo de relacionarme contigo: ya no está vigente».

En cada caso perdonar se verbalizará de forma distinta.

Una buena afirmación de perdón podría ser: «Te perdono. Lo que pasó ya no me influye, pero como consecuencia estás en otro nivel de confianza. No sé si alguna vez estarás en el que tenías, pero por ahora mantendré ciertas medidas de precaución que te serán evidentes. Aunque también te aseguro que responderé a lo que hagas ahora y no a lo que hiciste entonces. Si noto algún prejuicio respecto a ti, te lo haré saber para poder debatirlo». Decir esto, y decirlo con sinceridad, no es fácil ni rápido. Toma algún tiempo.

A veces, tras fuertes ofensas, uno dice muy rápido «No importa, te perdono». Eso es falso. El perdón llega a su tiempo, no antes ni después. Muy pronto es frívolo, muy tarde ya no sirve. Por eso decimos que el perdón es un proceso y requiere tiempo.

El proceso del perdón se inicia con una acción concreta dirigida a solucionar la situación, siempre y cuando en la base haya arrepentimiento y la intención consciente y explícita de reparar. Así el perdón funciona como algo que empieza con un poco y se incrementa a sí mismo, se multiplica. El perdón es un acto liberador, exclusivo de los seres espiritualmente superiores, al igual que el amor.

7.5. ¿CÓMO PREVENIR, DENTRO DE LO POSIBLE, UNA INFIDELIDAD?

- Promueve una comunicación abierta y franca.
- Lucha contra la costumbre y la rutina.
- Inyecta humor a la relación.
- Sé sincero pero sensato.
- Conoce sus gustos y deseos.
- Expresa tu amor.
- Dedícale parte de tu energía a tu pareja y muéstrale que es importante para ti.
- Busca temas de interés para compartir.
- Busca momentos de intimidad.
- Mira a tu pareja con menos prejuicios y con más curiosidad genuina.
- Renueva periódicamente los acuerdos de la relación.
- Respeten proyectos de vida personal y construyan un proyecto de vida en común.
- Supérate en las diversas áreas de tu vida y hazte atractivo para el otro.
- Aprende a seducir, no a poseer, comprar ni controlar.
- Entiende que la infidelidad es parte de la experiencia humana; asegúrate de pedir: «si me eres infiel: protégeme

de alguna enfermedad, no lo hagas con mi dinero, disfrútalo y asegúrate de que no me enteraré».

Cualquier tipo de experiencia se puede enfrentar con sabiduría o con amargura. El dolor es inherente a la naturaleza humana, y cuando dos personas buscan sintonía entre sus proyectos de vida, el dolor difícilmente estará ausente; es algo que han de asumir y aceptar como condición que hace posible ser en pareja.

¿Podría la infidelidad dar lugar a una renovación, crecimiento y florecimiento de la vida de la pareja, o resulta siempre destructiva? Todo depende del caso. En algunos, permite tener un nuevo entendimiento de la vida en común, del otro y de sí mismo; ello supone enterrar falsas expectativas y soltar las idealizaciones mutuas para moverse a una fase más evolucionada de la relación.

En otros casos los cónyuges se quedan estancados en la experiencia de la infidelidad. Amargura volcada hacia afuera, que adopta la forma de resentimiento, o amargura dirigida hacia adentro, en forma de remordimiento por parte del infiel.

Confío en que este capítulo te haya dado algunas herramientas para elegir cómo quieres atravesar este proceso.

CAPÍTULO 8

¿VALE LA PENA SEGUIR?

Existen dos opciones en la vida: aceptar las condiciones tal y como existen o aceptar la responsabilidad de cambiarlas.

DENIS WAITLEY

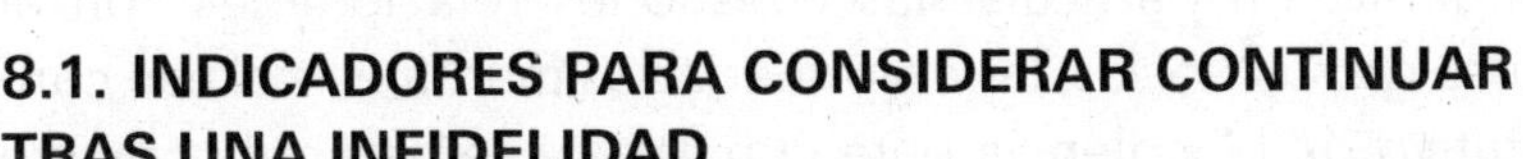

8.1. INDICADORES PARA CONSIDERAR CONTINUAR TRAS UNA INFIDELIDAD

A lo largo del libro hemos insistido en que, para construir una relación de pareja, se requiere el deseo y consentimiento de dos personas, pero que para terminarla basta con que una de ellas considere que ya no puede, que ya no quiere o que no merece la pena sostener el vínculo. Así, hemos de partir de la base de que si una de las personas, tras la crisis vivida o quizás antes de esta, quería terminar y no encontraba la manera de salir del matrimonio, es tiempo de *aprovechar* la corriente y explicitar que llegó el momento de concluir la relación.

Eventos como el descubrimiento de una traición desestabilizan a tal grado la vida de pareja que permiten, tras superar el *shock* inicial, reconocer lo que se venía gestando a lo largo

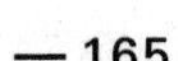

del tiempo y asumir la imposibilidad de resucitar algo que estaba muerto y que ahora toca darle punto final.

Otro indicador básico para considerar la posibilidad de continuar con la relación de pareja es el deseo mutuo de trabajar en reconstruirla: no basta con querer seguir juntos; tras una infidelidad surgen diversos temas que no se habían puesto sobre la mesa, bien porque se minimizaban, o bien, porque se les daban significados benévolos; una infidelidad cuestiona toda la historia común previa y muestra la necesidad de reconstruir una narración conjunta que integre la experiencia vivida y los diversos asuntos que se tengan que revisar y renegociar. A esto se suma acomodar el cúmulo de sentimientos y resentimientos generados por la infidelidad, de ahí que sea un requerimiento para continuar que ambos se comprometan en el trabajo de la reconstrucción.

Otro indicador de gran importancia para considerar la posibilidad de seguir adelante con la relación es la valoración de situaciones límite que impidan no solo la resolución del conflicto presente, sino la continuidad de una vida en común saludable. En particular las cuestiones relacionadas con el abuso de sustancias, las enfermedades mentales y el uso consecutivo de la violencia para controlar y someter al cónyuge merecen una atención profesional, pues son agravantes que, de no resolverse, dan pocas posibilidades de proyectar una vida en común –con o sin la presencia de una infidelidad–, además de ser factores de riesgo para la salud física y emocional de los involucrados. En estos casos el trabajo psicoterapéutico y psiquiátrico especializado es prioritario.

Por último, si la persona que cometió la infidelidad no está lista –porque no quiere o porque el enamoramiento existente del tercero lo dificulta– para soltar la relación alternativa, de nada sirve intentar intervenciones terapéuticas ni promesas utópicas que se vivirán como una segunda traición.

8.2. IRME O QUEDARME, EL GRAN DILEMA

Después de revisar algunos preámbulos para abordar el tema, una de las consecuencias comunes de las infidelidades es la separación; de hecho, la infidelidad suele ser una de las causas más citadas entre los motivos que llevan al rompimiento y al divorcio. Dependiendo del grado y la afectación de la infidelidad vivida, puede ser que la pareja se separe de inmediato, o en otros casos esto ocurre un tiempo después.

Si bien uno no puede salirse de una relación por cualquier diferencia, tampoco puede quedarse en ella a pesar de todo: valorar la opción de quedarse, separarse para ver si algo se transforma o romper definitivamente es un proceso que se atraviesa paso a paso. El miedo o la impulsividad difícilmente son buenos consejeros; sin embargo, rememorar constantemente el problema tampoco lleva a decisiones adecuadas.

Una de las características de la toma de decisiones en esta situación es el ir y venir permanente entre quedarse o irse de la relación: la fuerza de las decepciones y emociones experimentadas se cruza con los argumentos que da la razón y se entra en una espiral que dificulta tomar una decisión. Quizás el ejemplo más útil para reconocer este intento de elección es el ejercicio de la balanza: sopesar indefinidamente lo bueno y lo malo de la relación, tratando de reconocer qué pesa más, sin llegar a una definición convincente. Este procedimiento perpetúa una evaluación que impide una resolución certera. Elegir algún camino en estas circunstancias no es fácil –en particular si la relación ofrecía lo suficiente, antes del descubrimiento de la infidelidad–, pero la toma de decisiones puede hacerse interminable ante el recuento de «lo que sí hay y lo que no hay» y en una sustitución del intercambio de pareja por la observancia bajo el microscopio y el escrutinio constante del cónyuge.

¿Qué es eficaz para recorrer este camino de duda y facilitar la definición en alguna dirección?

Te presento algunas ideas útiles para recorrer este proceso de indecisión, independientemente del lugar que ocupes en el tema de la infidelidad.

1. ***Reconoce tu malestar.*** No te autoengañes; acepta que estás en una encrucijada amorosa. No la minimices, pero tampoco la maximices, solo dale cabida. Reconoce que experimentas una ambivalencia entre pasar menos tiempo con tu pareja y no quererla soltar. Puede ser que conversen menos y que en ocasiones hablen de más sobre diversos temas y sobre la misma infidelidad. Seguramente también oscilas entre tener poco o mucho sexo, con desgano o con pasión, con amor y con enojo: una sexualidad viva da cuenta de que algo existe, pero no necesariamente significa que el asunto tenga solución.
2. ***Detecta el ciclo de la indecisión.*** Este comienza con un momento de calma, seguido por una lenta acumulación de tensión y malestar. El enojo y la insatisfacción acumulada explotan en una discusión o crisis. Después de la explosión puedes sentir remordimiento y miedo, y luego otro periodo de cuestionamiento: «¿me voy o me quedo?», que disminuye con el tiempo, hasta que la rutina regresa. Al poco tiempo se vuelve a acumular tensión e inicia de nuevo el ciclo. Este patrón sucede en la vida de todas las parejas, pero entre quienes dudan sobre irse o quedarse tras una infidelidad puede presentarse con más frecuencia y con mayor intensidad.
3. ***Deja de sumar y restar lo bueno y lo malo de la relación.*** en tu balanza mental. La evaluación constante en tu mente es un autoengaño, y señal de que estás tratando de hallar la respuesta. El ciclo de la indecisión termina repitiéndose, aumenta el distanciamiento y agudiza la ambivalencia en la relación.

4. *Reflexiona sobre qué es importante para ti,* cómo quieres vivir, qué valoras tanto en tu vida que no podrías renunciar a ello, qué puedes y qué no puedes hacer, a qué estás dispuesto a renunciar y a qué no. Distinguir lo que es realmente valioso para ti (más allá de la infidelidad y de lo que hace o no tu pareja) te permitirá clarificar lo que quieres conservar y lo que quieres cambiar. No se trata de que la pareja te brinde todo lo que necesitas, sino que tú, al tener claro lo que valoras, deseas y necesitas para que tu vida tenga sentido, lo cuides y lo trabajes. Haz una lista de los requisitos esenciales para continuar la relación; seguramente parte del enojo que tienes con tu pareja se debe a que algo de esto que valoras –más allá del dolor por la infidelidad vivida– no tiene cabida en tu relación.
5. *Lo que necesito para vivir como quiero.* Distingue qué depende de ti para que esos requisitos indispensables estén en tu vida y qué depende de tu pareja. A veces no queremos dar los primeros pasos para satisfacer nuestras necesidades y esperamos que sea el otro quien adivine y llene nuestras carencias. Nos da miedo validar nuestros deseos: tememos que nuestra pareja nos juzgue, incluso nos asusta que nos haga algún señalamiento si nos equivocamos al tomar acciones que considerábamos oportunas. La vida en pareja ha de abrir puertas, pero no esperes que tu pareja adivine, ¡pide y negocia! Si tu pareja no da cabida a tus genuinas necesidades y valores, es claro que no vale la pena permanecer allí.
6. *Evita el aburrimiento y la sequía.* No se necesita volver a atravesar una infidelidad, ni llegar a extremos riesgosos para reconocer que una relación no vale la pena. Quizá ya no te entusiasma compartir con tu pareja. Las personas, con el tiempo, crecemos y cambiamos, y a veces las relaciones amorosas pierden su razón de ser.

¿Ya lograste el objetivo que te planteaste al unirte con esa persona? Tal vez fue salir de casa de tus padres o crecer profesionalmente; quizá formar una familia, o bien, construir un patrimonio. Si la historia que te unió a tu pareja ya no existe porque se logró, porque se agotó o porque se frustró, es necesario actualizar la relación con una nueva historia compartida, o bien dimensionar la infidelidad, honrar lo vivido y saber decir adiós. Una relación pobre en el sentido de ser poco estimulante o de ser vacía es como llevar un lastre a cuestas. Sin ser peligrosa, cabalga por el territorio del aburrimiento y la falta de entusiasmo.

7. ***Valora las opciones que tienes hacia delante y amplía tus posibilidades de elección.*** No tienes que actuar de manera radical, salvo que tu integridad esté en peligro o que tu interior tenga claro –incluso de tiempo atrás– lo que quieres hacer. Si no estás seguro, camina paso a paso y recuerda que tienes más de dos opciones frente a ti:

    a) Quedarte en la relación. Sin evadir tu malestar, sino buscando caminos de mejora y solución.
    b) Separarte temporalmente para ver si algo se transforma en la relación, y después volver.
    c) Separarte para confirmar que nada se transformó en la relación, y después terminarla.
    d) Separarte y descubrir que quieres continuar con la persona, pero cambiando el formato de la relación (vivir en casas separadas o rehacer acuerdos económicos, por ejemplo).
    e) Por último, romper definitivamente, con divorcio incluido, si es que había un acta matrimonial. Entender que no tienes que tomar una decisión definitiva y extrema desde el principio te permite visualizar más alternativas: al iniciar un proceso es difícil saber la decisión final.

8. Ten un plan de acción. Sea cual sea la decisión que tomes, diseña una ruta crítica de lo que tienes que ir haciendo para recorrer el proceso que te acerca a tener claridad. Recuerda que los planes se pueden cambiar si, al avanzar en el proceso, obtienes información que no tenías al inicio. Cada paso ayuda a dar el siguiente: los pequeños cambios sostenidos hacen grandes diferencias.

8.3. IDENTIFICA LAS SITUACIONES DE RIESGO

Más allá de la infidelidad, incluso en ocasiones a la par de ella, hay otros asuntos particularmente delicados que generan circunstancias de vida complicadas y riesgosas. La pareja puede habituarse a invisibilizar sus escollos y a minimizar sus efectos en la vida personal, conyugal y familiar. Las situaciones que mencionaré se originan por diversos factores, en general evolucionan de manera progresiva y se van manifestando cada vez de manera más incisiva e insidiosa en el intercambio cotidiano de la pareja.

Adicciones

El mundo de las adicciones genera casi en automático relaciones caóticas. El alcoholismo, así como el consumo de cualquier sustancia, pone en riesgo la integridad física, el desempeño intelectual y la vida emocional de quien consume y de las personas cercanas al adicto.

Si ya es preocupante que en nuestra sociedad se viva, se crezca y se celebre en torno al alcohol, convivir a diario con una pareja que tenga ese problema, sea por el alcohol u otra droga, es estar jugando a la ruleta rusa. Negar que se tiene un problema respecto al consumo es el primer indicador de que no hay muchos caminos de solución; minimizar sus efectos, además de las consecuencias corrosivas, imposibilita hacer de un consumo esporádico o lúdico algo placentero y saludable.

Los patrones más significativos de las adicciones son los siguientes:

1. Patrón psicológico de uso: estados frecuentes de intoxicación, e incapacidad para abandonar o reducir su uso a pesar de las complicaciones.
2. Desórdenes de conducta al punto de interferir con la salud, con el funcionamiento social, las relaciones interpersonales y la capacidad de trabajo.
3. Duración mínima del trastorno o síntoma en la vida de la persona y sus relaciones de por lo menos tres meses sostenidos.
4. Dependencia física evidente, tanto por la tolerancia como por la abstinencia.
5. Dependencia psicológica por la sensación que produce su uso.

El consumo sin mesura de cualquier sustancia produce modificaciones del comportamiento y reacciones que comprenden siempre un impulso irreprimible por obtenerlas, y causa problemas físicos, psicológicos, sociales y financieros. Este problema tiende a deteriorar o a destruir las relaciones amistosas o íntimas: el consumo se hace más imperioso que el gusto por la convivencia y la interacción personal.

Las drogas generan un estado de bienestar inmediato y de necesidad continua que deriva en que la persona adicta deje de participar en el mundo, olvide su crecimiento personal, abandone metas y planes, y detenga su convicción de resolver constructivamente los problemas. Las discusiones frecuentes, el desinterés sexual, la comunicación interrumpida, la pérdida de confianza, y el alejamiento físico y emocional son efectos de un consumo abusivo o adictivo.

Violencia

La violencia es el uso de la fuerza y el poder de manera ilegítima para someter o controlar a otros que generalmente se encuentran en un estado más vulnerable del que somete, ya sea por edad, sexo, fuerza física o relación de parentesco. Este sometimiento utiliza métodos que causan grave daño físico o emocional en quien se ejerce.

Según diversas estadísticas, 90% de la violencia es ejercida por los hombres contra otros hombres, mujeres y niños. Tanto hombres como mujeres podemos ser víctimas de la violencia, pero las mujeres deben estar particularmente atentas a esta situación. A veces se disfraza o minimiza el tema y se justifican las conductas de la pareja con afirmaciones como «tiene carácter fuerte»; si esta conducta es constante, es muy probable que sea una persona que ejerce violencia. Hay infidelidades que, más que ser genuinas complejidades del comportamiento amoroso, son actos abusivos de quien tiene más privilegios y poder al interior de la pareja.

La mayoría de las mujeres se queda con hombres violentos no porque tenga problemas emocionales o mentales, sino porque la pareja violenta les corta las redes de apoyo y se apodera de su energía para que no puedan tomar decisiones. Estar expuesto de manera sostenida a conductas abusivas genera una indefensión aprendida: una parálisis ante la sensación de que alguien controla tu mente, invade tus pensamientos y mide todas tus acciones en función de él. El miedo y la dependencia que genera una persona así son muy difíciles de superar sin la ayuda de una red de amigos o de un profesional.

Las amenazas, el control, las intimidaciones, los chistes irónicos, el aislamiento, el acoso sexual, los insultos, el control económico, el abuso emocional, los empujones o los golpes son actos violentos. De estar viviendo una situación así se tiene que preservar, en primer lugar, la integridad física, y la integridad emocional, a continuación.

Una violencia sostenida, no reconocida y no trabajada es una razón válida y suficiente para dejar una relación. Una pareja ha de ser un intercambio de amor en la igualdad, no un espacio de temor, dolor y sometimiento.

Trastornos de personalidad

Otro asunto difícil de detectar y manejar son los trastornos de personalidad, por eso es necesario reconocer los signos más visibles de los mismos Todos tenemos una personalidad que se construye a partir de aspectos tanto genéticos como ambientales: nuestra herencia, así como nuestras interacciones con el mundo que nos rodea, moldean la manera en que pensamos, sentimos y actuamos.

Los trastornos de personalidad pueden definirse como un conjunto de anomalías o perturbaciones que se dan en las dimensiones emocionales, afectivas, motivacionales y sociales de las personas que los padecen. Quienes tienen estas afecciones muestran rasgos de carácter sostenidos e inflexibles que dificultan su convivencia social y suelen afectar su vida personal, profesional y relacional.

Los trastornos de personalidad impactan el modo de pensar y reaccionar de quienes los presentan, impulsándolos a responder de manera rígida e inadaptada a las situaciones particulares de la vida. Los trastornos de personalidad debilitan la capacidad de responder no solo a los problemas del día a día, sino a los principales desafíos de la vida. Los patrones desadaptados de pensamiento y comportamiento se hacen evidentes al principio de la edad adulta, o antes, y tienden a durar toda la vida. Quienes padecen estos trastornos en general no son conscientes de que su comportamiento o sus patrones de pensamiento son inapropiados; por el contrario, a menudo creen que sus comportamientos son normales y correctos, y tratan de someter a su entorno a sus parámetros de percepción y acción. Esto es sumamente doloroso y riesgoso para quienes conviven con ellos.

Las situaciones de riesgo que se han mencionado no agotan todos los problemas que puede enfrentar la pareja, más allá de la crisis por la infidelidad; ninguna de ellas sería un factor determinante para terminar una relación –aunque sí hace la vida más difícil de sobrellevar– si se le atiende en forma adecuada y sostenida por profesionales especializados, y si ambos miembros de la pareja están comprometidos con el tratamiento, el manejo de la problemática y la recuperación.

8.4. DOCE SEÑALES DE ALERTA EN UNA RELACIÓN

Te ofrezco este pequeño cuestionario que te permitirá sopesar la posibilidad real de trabajar por salvar tu relación, más allá de la experiencia transitada de infidelidad.

Las doce señales de alerta que aquí expongo dan cuenta de una relación erosionada y con pocas posibilidades de recuperación.

		SÍ	NO
1	¿Ha habido más de un incidente de violencia física o verbal en tu relación?		
2	¿Tienes algún plan de vida o compromiso por seguir que excluye a tu pareja casi por completo?		
3	¿Si Dios o un ser omnipotente te dijera que está bien si te vas, te sentirías más aliviado(a) y tendrías mayor seguridad de que puedes terminar tu relación?		

4	¿Tienes un sentimiento básico y recurrente de humillación o invisibilidad en tu relación?		
5	¿Sientes hoy que tu pareja no es atractiva, ni razonablemente inteligente; no te entusiasman sus planes, incluso te disgusta su olor?		
6	¿El obtener algo que quieres o necesitas con tu pareja es tan complicado y desgastante que al final sientes que no valió la pena el esfuerzo?		
7	¿Sientes que tu pareja generalmente bloquea tus intentos de hablar sobre ciertos temas o hacer ciertas preguntas, en especial de cosas que te importan?		
8	¿Tu relación se ha tornado aburrida y empobrecida?		
9	¿Tu pareja ha violado lo que para ti es tu «línea límite»?		
10	¿Hay una franca diferencia entre el estilo de vida, deseos, preferencias, formas, entre tu pareja y tú?		
11	¿Empiezas a sentirte desanimado (a) y a pensar que nunca lograrás satisfacer una necesidad o deseo que es muy importante en tu vida?		
12	¿Tu pareja te ha convencido de que eres un (a) perdedor (a) o un (a) tonto (a)?		

Haz un conteo de tus respuestas.

Las respuestas con «no» cuentan cero puntos (no se contabilizan).

Las respuestas 2, 3, 5, 7, 8 y 10 con «sí» cuentan 1 punto.

Las respuestas 1, 4, 6, 9, 11, 12 con «sí» cuentan 2 puntos.

De 1 a 4 puntos: tu relación se puede considerar buena, y si algo te molesta, hay posibilidades de mejorar. Aun así, no minimices las cosas que te generan malestar, en particular si hay algún tipo de abuso. Conversa con tu pareja y pon los malestares sobre la mesa. Pide consejo a un amigo honesto.

De 5 a 8 puntos: tu relación debe estarse tornando en algo difícil. Seguramente aún tienes energía para luchar, pero hay cosas que te perturban y te sorprenden en la convivencia con tu pareja. Sería útil que platicaras con alguien que tenga cierta experiencia de vida y sea de tu confianza para ampliar tu perspectiva. Si crees que no has intentado nada por cambiar lo que vives, haz una ruta crítica para trabajar tu relación, involucrando a tu pareja. Si ya lo has intentado y no hay respuesta, consulta a un profesional.

De 9 a 13 puntos: es probable que estés cansado(a), desencantado(a), e incluso espantado(a), buscando la forma de terminar la relación. Seguramente ya has intentado soluciones que no solo no están funcionando, sino que han aumentado los enfrentamientos e incluso el riesgo de pleitos violentos. Plantea a tu pareja que requieren ayuda para hacer las cosas de forma diferente. Es momento de cuestionar si vale la pena plantear una separación para que se enfríen las cosas. Si tu pareja no cree que necesitan ayuda profesional, no dejes de solicitarla tú; primero, porque lo que has hecho no ha funcionado, y segundo, porque lo que vives puede tener tintes abusivos.

Si sumaste más de 14 puntos: hay pocas posibilidades de trabajar y reconstruir la relación, a menos que ambos se involucren en un profundo y largo proceso terapéutico. Es probable que ya te encuentres en una franca situación de riesgo físico y emocional que te tenga paralizado(a). ¡Pide ayuda! Apóyate en alguien cercano que te dé contención, y salvaguarda, primero que nada, tu integridad física. Si terminas la relación, no dejes de hacer un trabajo terapéutico para recobrar la confianza en ti mismo(a).

8.5. VIVIR DE A DOS NO ES FÁCIL

En la actualidad el eje de la vida amorosa ha cambiado, pero el deseo de vivir en pareja parece que no. El reclamo de la mayoría de hombres y mujeres de hoy es que «el amor acaba»: acaba demasiado rápido, de modos demasiados bruscos; acaba incomprensible y lastimosamente.

Muchos de los rompimientos de pareja se manifiestan con una infidelidad, más que causados por una infidelidad; atribuimos a la existencia de un tercero la ruptura de la relación, cuando la mayoría de las veces la experiencia de la infidelidad manifiesta una contradicción en la vida de pareja, una dificultad de sortear la infinidad de factores que la condicionan y ponen en riesgo. Así, la infidelidad es muchas veces la punta del iceberg –no solo de las necesidades personales insatisfechas o de los asuntos de pareja no abordados, sino de una infinidad de fuerzas que predisponen a una insatisfacción y que hacen del reto de continuar la relación amorosa una maraña de variables.

¿Será realmente que la gente no quiere comprometerse, que se han perdido los valores, que las personas somos más egoístas, que la moral se ha desgastado? Pensar así no resuelve el dilema ni aporta una comprensión de lo que estamos viviendo en el territorio del amor. Intentaré elaborar explicaciones más complejas a un problema nada simple y, además, de reciente aparición.

Partamos de la base de que todo, no solo las relaciones de pareja, ¡todo!, dura menos en la actualidad: los trabajos (antes la gente se jubilaba de la única empresa en la que había trabajado toda su vida); el lugar donde se vive (era común morir en la ciudad de nacimiento, incluso en la casa que te vio nacer; hoy las migraciones están a la orden del día), ya no digamos los cambios en la elección de carrera (antes, durante y después de asistir a la universidad), y de los amigos que van y vienen a lo largo de los años.

Todo dura menos, excepto la vida: hay una mayor longevidad; por lo tanto, vivimos más cambios.

Elementos que influyen en la terminación de las relaciones

1. ***Los matrimonios eran concertados.*** Se daban para sostener las clases sociales, las castas. Era un deber moral acatar las decisiones familiares; así, las personas honorables cumplían tanto la función que se les asignaba como el papel que les correspondía en la comunidad.
2. ***Las personas se casaban para sobrevivir.*** Literalmente: reproducirse y producir. El tema de tener pareja no era cuestión de amor, enamoramiento y atracción física.
3. ***Ha surgido una individualización de los estilos de vida.*** Se privilegian las necesidades personales sobre las comunitarias; por tanto, existe una mayor conciencia de qué quiero yo. A partir de esto, se crea una nueva ética basada en el principio de los «deberes con uno mismo», incluida la felicidad como deber. Surge un mayor reconocimiento o sentido de valor propio, y una alta valoración de la libertad, de la satisfacción personal y de la autonomía.
4. ***La sociedad se ha sexualizado.*** La sexualidad ha dejado de ser tabú para ser un componente importante de la vida cotidiana. El cuerpo puede y busca evocar la sexualidad y el erotismo, expresarlos y despertar el deseo en otras personas. Sentir atracción sexual por otra persona es un *must* para sostener una relación y, aunado a esto, buscamos experimentar más, conocer más. Se ha centralizado la importancia y el derecho de su ejercicio, deleite y exploración.
5. ***Psicologización de las elecciones amorosas.*** Con la aparición de la psicología surge la psicologización de

la vida y la preponderancia del mundo afectivo: se intensifican los proyectos que tienen altos matices emocionales. «¿Qué sientes?», «¿Qué dicta tu corazón?», son preguntas obligadas. Antes los sentimientos tenían una menor importancia o carecían de ella como apuntalamiento de cualquier decisión.

6. ***Aumento de la esperanza de vida.*** «Hasta que la muerte nos separe» se instituyó cuando vivíamos 30 o 40 años. Ahora la esperanza de vida, en México, es de más de 75 años.
7. ***La aparición y aceptación del divorcio.*** Recurso que durante muchas décadas fue malmirado, hoy en día resulta ser una herramienta útil frente a situaciones conyugales que, lejos de favorecer el crecimiento de sus integrantes, los daña o los empobrece.
8. ***El pasaje a la madurez se daba con el matrimonio.*** El paquete incluía sexo, hijos y subsistencia. Se ha desacoplado algo que iba en el mismo paquete: el amor, el sexo y la procreación: se puede tener sexo sin amor, amor sin sexo, sexo sin hijos, hijos sin sexo. Así, la madurez ya no depende de la vida en pareja, sino de la independencia personal: maduramos cuando somos capaces de hacernos cargo de nosotros mismos, viviendo en pareja o no.
9. ***Debilitamiento de la voluntad.*** En una sociedad caracterizada por el confort y las respuestas rápidas, existen altas expectativas de gratificación y dificultad para posponerla. Queremos resultados rápidamente, con la menor inversión, por lo cual cultivar una relación pacientemente se vuelve un proceso del que muchos no desean hacerse cargo.
10. ***Aburrimiento e incapacidad de asombro.*** La rapidez de la vida cotidiana nos ha arrastrado a un estado de fastidio en el cual no nos permitimos el asombro. Creemos que ya lo hemos visto todo y, en cuestión de relaciones de pareja, nos aburrimos pronto de la rutina. Al vernos

incapacitados para el asombro, también disminuye nuestra capacidad de improvisación, de creación e innovación.

11. *La prevalencia de la virtualidad.* Ahora se puede estar en muchas plataformas al mismo tiempo, lo cual, muy probablemente, genera falta de concentración y compromiso real. La variedad de opciones genera deseo, curiosidad y disminuye la convicción por lo sólido y complejo. Además, la elección de pareja genera más ansiedad ante la diversidad de opciones.
12. *La idealización del amor.* Se pide a una persona lo que antes se pedía a toda una tribu. El amor se torna huidizo en cuanto se ponen en él todas las esperanzas de realización.
13. *Los movimientos feministas.* Vivimos una liberación de las mujeres, de las predeterminaciones que durante mucho tiempo se consideraron parte de su «naturaleza femenina». Hace no muchos años la mujer no tenía cabida en la vida pública, no existía si no era mujer *de alguien;* hoy las mujeres podemos vivir sin un hombre que se haga cargo de nuestro porvenir. Esto genera también en el centro de la vida privada contradicciones al interior de los roles de género entre hombres y mujeres.
14. *El mercado laboral.* No todo lo decide la pareja al interior. Quien habla de pareja habla también de formación, profesión y movilidad. La cuestión laboral representa en muchas ocasiones una dificultad para el sostenimiento de la pareja: hoy existen dos agendas individuales que luchan por sobrevivir. Dos personas que buscan ser exitosas en su carrera pueden llegar a tomar caminos distintos y, aun si el amor existe, las prioridades profesionales pueden llevarlos a la separación.

No todos los casos son iguales, y aún podemos encontrar personas decididas a la vida en pareja y con el deseo de envejecer de la mano de alguien. No podemos negar que las sociedades están cambiando, y los cambios estructurales en ellas golpean todo lo humano. El estilo actual de vida nos habilita para poder vivir con suficiente autonomía, lo cual hace que el gusto de hacer pareja sea eso, un gusto y no una necesidad.

Esto lleva a entender por qué en la actualidad muchas personas vivirán entre dos o tres parejas significativas a lo largo de la vida. Hay una tendencia, debido a todos los factores mencionados, a que la vida de pareja se vaya haciendo por etapas, sin por eso banalizar su impacto y su importancia. Quizás habrá una primera pareja para dejar la casa paterna e iniciar la tarea de la autonomía personal. Otra más duradera con la que se haga familia, si es que esto es parte del proyecto de vida. Y una más que sea la de «la realización personal», con el despliegue de los propios gustos y deseos, misma que quizás, y con suerte, nos acompañará al final de nuestros días.

Hablar de diversas parejas no puede considerarse un fracaso o una debilidad personal: los amores, los verdaderos amores, se reciben con las puertas abiertas, acompañan un trayecto de la vida, nos permiten crecer y expandirnos, y, por supuesto, dejan huella. También hemos de reconocer cuando empieza su decadencia para dejarlos ir en libertad. No podemos terminar una relación de pareja por cualquier cosa, pero tampoco podemos sostenerla a pesar de todo.

8.6. LOS ELEMENTOS ESENCIALES DE UN BUEN AMOR

Pocas experiencias conmocionan tanto la vivencia humana como las amorosas. Sin embargo, las expectativas irreales, aunadas a las dificultades del momento histórico que atravesamos, nos llevan a perseguir amores «perfectos», inexistentes en la vida real, que generan frustraciones al buscarlos y pretender sostenerlos.

¿En qué consiste un buen amor? ¿De qué va una relación que, con los pies en la tierra, aporta una buena compañía y un grado suficiente de satisfacción?

Robert Sternberg, psicólogo e investigador estadounidense, en su libro *La teoría triangular del amor,* nos dice que las personas que en su relación de pareja incluyen tres elementos, con cierta intensidad y equilibrio, se sienten suficientemente satisfechas en su vida amorosa. Estos tres componentes básicos son la intimidad, la pasión y el compromiso. Si bien estos ingredientes se destacan en la mayoría de los contextos sociales occidentales, su importancia varía en cada relación, dependiendo de diversos factores externos (geográficos, históricos, culturales) e internos (estructuras de carácter, ciclo de vida y circunstancias particulares) de cada relación.

Intimidad

La intimidad se refiere a los sentimientos y actitudes que promueven el acercamiento, el vínculo y la conexión dentro de la relación. Incluye la búsqueda del bienestar de la persona amada, el respeto, el apoyo y el entendimiento mutuo; es por ella que se desea una entrega y se disfruta la compañía del amado. La intimidad permite recibir y dar contención emocional, así como la comunicación íntima entre los amantes. Esto no suele experimentarse en forma independiente, sino como un sentimiento generalizado.

La intimidad se refiere a la amistad y agrado que se siente por la persona amada y que incluye el cuidado del otro, la confianza, el respeto, la seguridad, la generosidad, la lealtad, la reciprocidad, la comprensión, la aceptación, la comunicación y el gusto por estar juntos.

¿Cómo se construye?

La intimidad probablemente se inicia con la autoexposición: para intimar es necesario derribar los muros que separan a una persona de la otra. Si uno quiere saber cómo es el otro, debe mostrarle cómo es él mismo. La autoexposición suele ser más frecuente y fácil entre amistades del mismo sexo que en las relaciones amorosas; aunque parezca extraño, probablemente se deba a que sus costos pueden ser muy altos en el ámbito amoroso.

La intimidad es uno de los contenidos del amor que requiere de tiempo para consolidarse. Además, muchas personas se sienten amenazadas cuando empiezan a sentir que la intimidad les resta libertad y autonomía (casi nadie quiere ser «consumido»), de ahí cierta contradicción al querer intimidad y carecer de la capacidad para tolerarla.

El reto es lograr una conexión íntima sin perder la capacidad de ser uno mismo en la cercanía física y emocional con esa persona.

Pasión

La pasión consiste en un estado de intenso deseo de unión con el otro, producido por la excitación mental y física; es una emoción intensa que controla la razón y dirige la conducta. La pasión es en gran medida la expresión de deseos y necesidades veladas como son: la necesidad de autoestima, de entrega, de pertenencia, de sumisión o dominio y de satisfacción sexual. La fuerza de estas diversas necesidades varía según las personas, las situaciones y los tipos de relaciones amorosas que se gesten.

La satisfacción sexual suele ser una fuerte necesidad en las relaciones románticas.

En el amor, la pasión tiende a interactuar fuertemente con la intimidad y ambas suelen alimentarse entre sí: una despierta y potencia a la otra. A veces la pasión se desarrolla casi de inmediato al iniciar una relación o incluso como origen de esta, mientras que la intimidad solo surge después de un tiempo y ayuda a mantener la proximidad entre los amantes. En otras relaciones, la pasión surge después de la intimidad: cierto grado de intimidad emocional da cabida a la pasión.

Muchas personas consideran la pasión como sexual, pero cualquier forma de despertar psicofisiológico puede generar la experiencia pasional.

¿Cómo construirla?

Además del intercambio entre intimidad y pasión, el mecanismo de aprendizaje más extraño de los que conducen a elaborar una respuesta apasionada es el refuerzo intermitente: la recompensa periódica, a veces aleatoria, de una determinada respuesta a un estímulo. Si una persona trata de realizar algo y sus esfuerzos son recompensados en algunos casos, pero no en todos, se dice que recibe un refuerzo intermitente.

La pasión prospera con base en el refuerzo intermitente, que en general es intenso en los comienzos de una relación. Cuando uno quiere a alguien, a veces siente que se está aproximando a él o a ella, y a veces siente que no: esta alternancia mantiene despierta la pasión. Si el conseguir a esa persona resulta demasiado fácil y el refuerzo continuo reemplaza al intermitente, la pasión puede, paradójicamente, perder interés en lo que ha estado buscando.

El aburrimiento es un obstáculo para la pasión, pero ¿por qué las parejas no son creativas, dicen lo que les gusta y piden lo que quieren? Este punto es de gran profundidad, pues el desarrollo del erotismo y la sensualidad va relacionado con el propio nivel de crecimiento y madurez personal.

Cuando estoy en una relación que me resulta significativa y temo arriesgarla o perderla, me es más difícil ser yo mismo, y tener la capacidad de mostrarme así, de tolerar las diferencias y la ansiedad que produce que el otro no esté siempre de acuerdo con lo que quiero y con lo que necesito, sin que esto signifique alejarme o terminar la relación, sino permanecer cerca sin traicionarme. He aquí la gran contradicción que se puede dar entre lo erótico y lo doméstico.

Compromiso

Este componente abarca dos vertientes: una a corto plazo y otra a largo plazo.

En el corto plazo implica la decisión de amar a la persona, mientras que a largo plazo se refiere a la decisión de mantener ese amor. Estos dos componentes no necesariamente se dan de forma simultánea: la decisión de amar no implica un compromiso sostenido por ese amor. El compromiso del amor puede carecer del «calor» o la «carga» de la intimidad y de la pasión, en tanto que las relaciones amorosas presentan casi inevitablemente altibajos, y lo que las sostiene es este componente. El compromiso es esencial para atravesar periodos difíciles y alcanzar otros mejores. Si lo desdeñamos, es casi imposible que una relación perdure, pues la intimidad y la pasión pueden fluctuar.

El compromiso se refiere al grado según el cual una persona está dispuesta a acoplarse a algo o a alguien y a hacerse cargo de eso o de la relación. Comprometerse es persistir hasta alcanzar la meta relacionada con el compromiso.

El amor no solo son sentimientos y atracción: también es una decisión.

¿Cómo construirlo?

La manera de conservar el compromiso, además de cultivar la intimidad y la pasión, es actualizarlo periódicamente. Esto se refiere a que las personas cambian, y necesitan hacerlo a través del tiempo. Pueden comprometerse, pero no pueden asegurar al otro que siempre serán los mismos, o que siempre les gustarán las mismas cosas.

La auténtica evolución en pareja implica ese actualizar la relación, un planteamiento abierto de qué cosas pueden seguir igual y cuáles habría que negociar.

Por ejemplo, una persona puede estar comprometida con su pareja y con su relación, pero no con el papel de sumisión que aceptó en el pasado. Esto implica una capacidad de negociación y manejo de diferencias y de conflictos. Traicionarse a uno mismo, después de un trabajo de autoconciencia, es traicionar la relación.

En general podríamos decir que lograr un equilibrio entre estos tres ingredientes facilita que la relación se conserve e incluso crezca; pero hay que entender que el equilibrio perfecto no existe. Dependiendo de qué ingredientes o combinación de ingredientes predominen en cada pareja, y en cada momento particular de su vida, las relaciones se mostrarán diferentes: más apasionadas, más íntimas o más apuntaladas en una decisión de perdurar.

De todas las fuentes de felicidad conocidas, el amor es la más valorada y deseada. «Con amor se sufre, sin amor se enferma», decía Freud; pero, mientras los efectos amorosos de la propia vida de pareja sean positivos, habrá que pensarlo un par de veces antes de cambiar de pareja, y considerar mejor la posibilidad de renegociar los acuerdos y actualizar la relación. Hay parejas que logran ajustarse tras una infidelidad, recontratan la relación y con eso obtienen más años de convivencia amorosa y de acompañamiento feliz.

Si el camino que deviene es el final, en el amor como en todo lo demás, se puede fracasar sin aprender, o se puede aprender del fracaso. Lo primero deteriora la seguridad personal; lo segundo curte el carácter, enriquece la personalidad y nos capacita para lograr un buen amor en la siguiente oportunidad.

CAPÍTULO 9

LO QUE AL HOMBRE SE LE CONDONA, EN LA MUJER SE CONDENA

Los hombres engañan más que las mujeres; las mujeres, mejor.

JOAQUÍN SABINA

Algunos se preguntarán «¿cuál es la necesidad de hablar de género, si estamos hablamos de infidelidad?»; es inevitable hacerlo.

Hay muchas categorías por integrar para hacer distinciones en cuanto a la experiencia de la infidelidad: edad, localidad, escolaridad, raza, clase, etc. En el ejercicio de la sexualidad, con todos los antecedentes moralistas implicados en el asunto, es necesario hablar de la «doble moral» que se utiliza para hombres y mujeres infieles, así como de los argumentos que se utilizan para validarla, sostenerla, disculparla –en el caso de los varones– o para señalarla, condenarla y castigarla si se trata de una mujer. Hablar de género es un requisito indispensable por el tejido intrincado que significa ser hombre o ser mujer en nuestra sociedad.

¡Cómo le gusta a la gente hablar de la «naturaleza femenina» y la «naturaleza masculina»! Gracias a esas supuestas naturalezas tendemos a ser, hacer, desear y sentir una cantidad de cosas que con frecuencia no nos nacen de modo natural, ni nos hacen sentido alguno.

Cuando cuestionamos lo aprendido y lo impuesto, y actuamos con mayor libertad en la vida en general o en la sexualidad en particular, y nos despegamos un poquito de lo que se espera de nosotros, vienen los juicios, prejuicios, señalamientos y alejamientos de quienes se consideran el estandarte de las «buenas costumbres». Pareciera que en temas de sexualidad todo el mundo tiene «la verdad absoluta», y como parte de ella un sinfín de distinciones entre el significado de la sexualidad masculina y la sexualidad femenina.

Hombres y mujeres no somos iguales, tenemos diferencias biológicas notables; los recientes estudios de las neurociencias las señalan. Todas estas desemejanzas se pueden usar no solo como atractivo erótico (para los hetero o bisexuales), sino como distinciones que generan un plus de potencialidades cuando ambos sexos las conjuntan para sumar. Pero en el contexto social en el que vivimos, en el cual por siglos los hombres han dominado el espacio público y han ejercido autoridad en el ámbito privado, se generan distinciones entre lo femenino y lo masculino que nada tienen que ver con nuestras diferencias biológicas; este dominio masculino ha dado origen a un sistema de jerarquías que se extiende hacia los ámbitos culturales, políticos y sociales, y que se conoce como patriarcado.

Recordemos que el patriarcado es el sistema sociocultural en el que se considera que los hombres deben tener el poder y mandar sobre las mujeres, tanto en la familia y el trabajo como en la sociedad. No ha existido siempre; se instauró con la aparición del sedentarismo y con ello tomaron mayor importancia los bienes, los medios de producción y la claridad sobre la descendencia para la herencia de la propiedad: prácticas que dieron a los hombres un lugar de supremacía. Este complejo sistema de jerarquías ha tenido efectos directos en la forma en que hombres y mujeres entienden su identidad y sus formas de relacionarse, no solo en la pareja, sino con sus familias, en sus trabajos, con sus amistades, y en general con ellos mismos y la sociedad. La visión patriarcal tiene un peso contundente en la vivencia de la sexualidad.

9.1. SEXO Y GÉNERO

Para entender cómo se genera esta confusión, conviene hacer algunas distinciones importantes entre el sexo y el género.

El «sexo» se refiere a las características biológicas con las que nacemos: las personas nacemos hombres o mujeres (aunque hay algunas personas que han nacido con órganos sexuales de ambos sexos, y se les conoce como hermafroditas).

Por otra parte, «género» tiene que ver con lo que significa ser hombre o ser mujer dentro de una cultura y momento histórico específico: incluye las ideas, creencias y atribuciones que se asignan a cada sexo. El género se basa en las diferencias sexuales para construir los conceptos «femenino» y «masculino», los cuales determinan los comportamientos y oportunidades atribuidos y permitidos a cada sexo. Las ideas sobre «lo propio» de lo masculino y lo femenino a través del tiempo se pueden cuestionar, replantear y cambiar. No se nace con ellas, se aprenden y se modifican. Por ejemplo: en el pasado solo los hombres podían heredar, hoy las mujeres pueden heredar también; las mujeres antaño no podían votar; ahora pueden hacerlo.

Podemos afirmar entonces que existe una masculinidad y una feminidad que parten de ciertas diferencias hormonales y anatómicas. Posiblemente también haya diferencias en cómo se procesa la información, así como en el aspecto sentimental. Esto se asume de manera muy diferente en una sociedad patriarcal como la nuestra, ya que las características que se atribuyen a los diferentes sexos, así como las conductas que se esperan de ellos, posicionan a los hombres y a las mujeres en categorías opuestas difícilmente conciliables. Por eso, para «ser hombre» es necesario no hacer, ni decir, ni sentir como una mujer. Y para «ser mujer» no se ha de desear, pensar y menos aún comportarse como un hombre.

Estas distinciones de género son rígidas y no corresponden a lo complejo de nuestra naturaleza humana, ni a la flexibilidad de funciones, roles y experiencias que podemos vivir, sea cual sea el sexo con el que hayamos nacido.

Las construcciones sobre lo masculino y lo femenino surgen, cambian en y desde las sociedades y las culturas. Por lo tanto, son definiciones dinámicas y nada tienen que ver con la «esencia, instinto o naturaleza» femenina y masculina.

9.2. ESTEREOTIPOS DE GÉNERO

Cuando hablamos de estereotipos de género nos referimos a las características y conductas que se esperan de los hombres o de las mujeres desde la construcción de género. Son generalizaciones, ideas simplificadas y descripciones parciales y distorsionadas sobre las características de hombres y mujeres que terminan viviéndose como verdades absolutas. En el contexto social en el que vivimos se han creado los estereotipos sobre cómo deben comportarse los hombres y las mujeres, sobre qué es femenino y qué es masculino.

La cultura patriarcal legitima, a través de estos comportamientos esperados, un poder inequitativo al fomentar la creencia de la posición superior del varón respecto a la mujer y el dominio de los unos sobre las otras.

Así, de los hombres se espera:

- Destrezas en el deporte, los negocios, la política y en todos los espacios públicos de la vida social.
- Manejo de los recursos, exposición ante los peligros y toma de decisiones «importantes».
- Derecho de ejercer el poder sobre las otras personas que tienen menos poder que ellos (mujeres, niñas, niños y personas adultas mayores).
- Derecho a exigir que las otras personas satisfagan sus deseos y necesidades, así como a gozar de privilegios para decidir y hacer lo que deseen.
- Tienen permiso explícito o tácito de utilizar la violencia verbal, emocional, económica y patrimonial, incluso la física, como forma de control.
- Que sean proveedores, protectores, procreadores y autosuficientes.
- Se privilegia en ellos el cultivo de la razón, la fuerza, la valentía y el trabajo.
- Se fomenta la disociación de sus sentimientos para mostrar dureza y control y esconder los sentimientos de miedo, tristeza o vulnerabilidad.
- Desde luego, una mayor libertad sexual: «un hombre que tiene muchas mujeres es "muy hombre"».

Por otro lado, de las mujeres se espera:

- Que cumplan ciertos roles sociales dentro de los ámbitos de la familia como: ser madres, cuidadoras, comprensivas y nutridoras.
- Quc demuestren sus emociones y sentimientos antes que su inteligencia: se les alienta a cultivar el sentimiento, la abnegación, la debilidad y la ternura.

- Que satisfagan los deseos y necesidades de otras personas, antes que las propias. Al final, que sean satélites de las necesidades de los demás.
- Que sean dependientes y subordinadas ante las decisiones de los hombres.
- Que luzcan como un objeto de atracción sexual.
- Y claro que tengan, una menor libertad sexual: «una mujer que tiene muchos hombres es "muy puta"».

Estos atributos, femeninos y masculinos, resultan en una diferencia social que genera un desequilibrio en las posibilidades y opciones de decisión para cada persona, pues cualquier cosa que se aleje de los atributos asignados, le hace sentir que no es «suficientemente hombre» o «buena mujer», lo que deriva en temores e inseguridades. La sociedad y la cultura refuerzan estos estereotipos a través del lenguaje, de tal forma que lo que se dice de una persona ante conductas similares es muy distinto si se trata de una mujer a si se trata de un hombre.

La práctica del erotismo, la elección del objeto de satisfacción erótica o los roles sexuales no tienen nada que ver con la definición de masculinidad o feminidad. Si bien tienen una base biológica, son también construcciones sociales que cambian con el entorno; no hay más que ver en la actualidad a más hombres efectuando actividades que hasta hace poco se consideraban femeninas e inadmisibles para ellos. ¿Cómo se manifiesta esta mezcla de biología y cultura en las relaciones de pareja heterosexuales?

La capacidad verbal de las mujeres en el campo emocional es superior a la del hombre, ya que su socialización sigue centrada en el desarrollo de las habilidades para relacionarse. Así, la «feminización de la intimidad» hace énfasis en el diálogo abierto y sincero, y nos provee los recursos para satisfacer las exigencias de las relaciones modernas. Pero esto es problemático porque el hombre queda colocado en una posición de inferioridad cuando su papel social principal es actuar, competir y ser audaz. La capacidad de expresar sus sentimientos no es una característica muy apreciada. Ante la ausencia de narrativa verbal más desarrollada, el cuerpo en el hombre se convierte en un lenguaje fundamental: un conducto para la intimidad emocional.

El cuerpo es nuestro idioma materno original y para muchos hombres es el único lenguaje para lograr la cercanía que socialmente no se les ha permitido.

A través del sexo, los hombres pueden recuperar el placer puro de la conexión sin tener que describir sus necesidades (tan difíciles de expresar) a través de las palabras. Para quienes son partidarios de la intimidad a través del diálogo (mujeres) es difícil reconocer estos otros lenguajes para tener cercanía. Así se exige que quien no habla cambie y no que quien habla sea más flexible. Esta situación minimiza la importancia de la comunicación no verbal: hacer cosas agradables para el otro, tener gestos atentos o compartir proyectos con espíritu de colaboración.

Si una consecuencia de la supremacía del diálogo es que los hombres se sienten en desventaja, otra es que conduce a que las mujeres queden atrapadas en una sexualidad reprimida. Históricamente, la sexualidad y la inteligencia de las mujeres nunca han estado integradas. La feminidad asociada a la pureza, sacrificio y fragilidad constituía la característica de las mujeres «moralmente intachables». Las mujeres han luchado por romper la división patriarcal entre ser virtuosas o ser «lujuriosas», y aún combaten esta injusticia. Cuando se privilegia el diálogo y se minimiza el cuerpo, se actúa en complicidad con el mantenimiento de la represión de la mujer, por eso lo ideal sería practicar una intimidad «bilingüe».

Aun así, la emancipación de las mujeres, con todos sus problemas y su lentitud, es un fenómeno sin freno y fundamental para el devenir del matrimonio, de las relaciones amorosas y de la vivencia de la infidelidad.

9.3. NOS TRATAN DIFERENTE

El cambio no va a la velocidad que quisiéramos. Hasta hace poco, la infidelidad era una prerrogativa de los hombres. No fue sino hasta hace unos cuarenta años que algunas mujeres se atrevieron a ser sexualmente libres. Hoy los hombres están mejor preparados para la libertad, la aventura y el descubrimiento, mientras que las mujeres siguen teniendo un legado milenario de impotencia y siguen encargadas del cuidado familiar, por lo que necesitan aferrarse a algo más seguro y predecible, y no ponerlo en riesgo. De esto deriva un asunto común a la mayoría de las culturas: la doble moral del sexo extraconyugal. En la actualidad, en las culturas patriarcales los hombres nacen con el derecho de su libertad y placer, mientras que las mujeres deben subordinarse sexualmente en detrimento de su placer y de su agencia personal.

Aún hay culturas que tienen permitido matar a la mujer adúltera, y otras donde las leyes califican y sancionan diferente el adulterio para hombres y mujeres que lo cometen, sin mencionar la literatura donde a la mujer se le describe en forma mucho más negativa que al hombre cuando comete infidelidad. Asimismo, confesar la verdad es más peligroso para la mujer, por el severo castigo previsto; los hombres perdonan menos y tienden a vengarse incluso con actos violentos.

El placer de la mujer siempre ha sido mal visto, y se le ha tratado como algo que debe controlarse y limitarse. La mayoría de las culturas patriarcales ha ejercido –y ejerce– coerción para impedir el goce femenino; de hecho, en algunas se sigue amputando el clítoris a las mujeres para que no tengan placer sexual. En general el control es más sutil y se relaciona con la supuesta debilidad femenina que infantiliza a las mujeres y les hace pensar que necesitan protección, lo que fomenta su dependencia.

No es raro que en pleno siglo XXI una mujer disfrute de una sexualidad libre, al tiempo que se le sigue calificando de «fácil».

Y es que la libertad sexual femenina plantea formas distintas de relación no matrimonial que atentan contra «las bases de la familia y la sociedad». La misma sociedad que evolucionó y abrió la puerta al placer femenino parece condenar el gozo sexual de las mujeres si este no se da dentro de una relación comprometida, heterosexual y monógama: fuera de este esquema, lo hará objeto de marginación, rechazo y cualquier tipo de señalamientos sociales. La migración de un modelo abierto para el hombre y cerrado para la mujer a otro más equitativo sigue avanzando, mas no deja de tener un efecto desestabilizador.

Estas condiciones hacen que, en general, las mujeres sean más tolerantes que los varones y tiendan más a perdonar una infidelidad, y que ellas requieran una mayor implicación emocional para considerar que vale la pena sostener un doble vínculo. A los hombres les cuesta más perdonar la infidelidad de su pareja, sea cual sea la causa; pero les es más sencillo ser infieles sin involucrarse emocionalmente, por lo que experimentan menos el sentimiento de culpa. Sin ser una generalidad, y con base en los presupuestos de género mencionados, los hombres tienden a buscar varias parejas sexuales, mientras que las mujeres priorizan en general cierta retribución emocional.

La infidelidad en los hombres

La infidelidad se asocia más con el género masculino que con el femenino: en todas las culturas y épocas, los varones han sido más infieles que las mujeres. Investigaciones diversas afirman que en las sociedades occidentales urbanas por cada tres hombres que han cometido una infidelidad, solo una mujer la ha vivido, incluso dos a uno (aunque la infidelidad femenina tiende a aumentar).

Sin embargo, en sociedades en vías de desarrollo, o bien, en comunidades rurales, la infidelidad femenina es menos común, y es casi inexistente cuando prevalece una fuerte cultura religiosa. Esta información es relevante en tanto que da cuenta del peso cultural que afirma que los hombres son infieles por naturaleza, porque antropológicamente en ellos impera el impulso de diseminar sus genes, propagar sus características y perpetuar la especie, y se cree que es el instinto lo que les empujar a tener sexo con el mayor número posible de hembras.

En términos evolutivos, como hemos mencionado en otros capítulos, el argumento tiene sus bases. Las sociedades son mucho más permisivas respecto a la libertad sexual masculina, e incluso la promueven como rasgos de hombría y masculinidad.

Los hombres tienen una respuesta sexual, una excitación y preparación de los genitales más rápida que las mujeres para el acto sexual con algunas variaciones individuales, y diversos factores psicológicos en las respuestas y no solo químicos y físicos: la vasocongestión de los genitales (la afluencia de sangre hacia los tejidos genitales y a los pechos femeninos) es más veloz en el hombre que en la mujer, lo cual intensifica la excitación y lo alista para la relación sexual en menos tiempo. Esta reacción no indica nada sobre la calidad de las relaciones sexuales, pero explica por qué el hombre puede tener con mayor facilidad sexo exprés, no solo por permisividad cultural, sino por presteza biológica.

Estamos a años luz de necesitar la propagación de la especie. El sexo se ha divorciado de la procreación, por lo que las explicaciones antropológicas y biológicas quedan cortas para entender el fenómeno de la infidelidad masculina. A los hombres en general se les facilita socialmente ser infieles: comenzando por los prostíbulos, *table dance* y otros espacios donde pueden obtener placer a cambio de un pago. Hay lugares similares para las mujeres, pero son menos, puesto que ellas consumen menos estos servicios.

El varón, también con más frecuencia (aunque esto también está cambiando), tiene una experiencia subjetiva diferente de la de las mujeres en el tema de infidelidad: para ellas el amor y el sexo tienden a estar unidos, mientras que para ellos esto es menos frecuente. Menos mujeres engañan a su pareja por un mero calentón, motivo válido y común entre muchos hombres. Pareciera que el placer femenino tiende a confinarse aún al disfrute dentro de una pareja estable.

Muchos hombres son infieles solo porque quieren tener sexo, razón «muy masculina»; en ellos la culpa en tales casos puede ser casi nula, y la vinculación emocional menos frecuente. Además de la variedad sexual, la búsqueda de aventura, la necesidad de confirmar su hombría, subir su autoestima y sentirse validados en su masculinidad los llevan a no perder «oportunidades» de disfrutar sexualmente.

Las mujeres navegan más por cuestionamientos internos, temores y experiencias de culpa. La doble vida, que empieza a darse con más frecuencia en casos femeninos, no deja de ser un fenómeno predominantemente masculino.

Reitero también que una mujer que engaña a un hombre difícilmente es perdonada, y no solo por la herida al ego que él sufre, sino por el juicio social de ser «poco hombre» o «insuficiente» para dar placer a su mujer, que hiere su honor y lo humilla. Un falso orgullo masculino junto con el sostenido machismo dificulta a los varones superar una infidelidad más allá del afecto que sientan por su pareja. Un hombre que perdona a una esposa infiel suele ser considerado en algún sentido débil y permisivo; de las mujeres engañadas se espera lo contrario: un perdón a su hombre, siempre que él muestre un «sincero» arrepentimiento.

Estas conductas se refuerzan por la creencia común de que los hombres tienen la capacidad de mantener relaciones extramatrimoniales sin afectar su relación principal de pareja. Así, varones con una pareja satisfactoria no rechazarían tener sexo si se los ofrece alguien que les atraiga. Muchos hombres infieles afirman tener una relación satisfactoria. Al final, lo que se condonan a ellos mismos, lo condenan en su pareja.

La infidelidad en la mujer

Las mujeres han sido históricamente más fieles que los varones, pero eso está cambiando; en especial en las sociedades occidentales urbanas las cifras se están emparejando rápidamente. Aun así, permean las explicaciones antropológicas que señalan que las hembras de las primitivas comunidades se quedaban al cuidado de la prole, por lo que aún hoy la crianza se asocia más con la feminidad. Dentro del ámbito doméstico, espacio destinado para las mujeres, era más difícil encontrar con quién tener relaciones en el exterior; los varones, por su parte, habitantes del espacio público, al salir a cazar y después, en la modernidad, a cumplir con la función de proveedores, hallaban más oportunidades para hacerlo.

Las mujeres han ganado empoderamiento y conquistado diversos derechos, pero la discriminación no se ha superado del todo y esto se refleja claramente en la libertad sexual que aún es más acotada para ellas.

Todavía se espera de las mujeres, sobre todo en contextos conservadores, que desplieguen su sexualidad al interior de una relación monógama. Por otra parte, sus posibilidades de acceso a contactos sexuales son más limitadas en el plano social; no pueden fácilmente tener sexo rápido o anónimo como los varones en prostíbulos o saunas; la demanda femenina de estos servicios es menor porque las prohibiciones para ellas son mayores. Ni qué decir de la pornografía, que cada vez consumen más mujeres, pero que muy lentamente se diseña de acuerdo con sus deseos, mientras que muchos más varones la siguen consumiendo.

También son menos las mujeres que tienen aventuras fugaces, y en general las ocultan más para no ser señaladas, juzgadas e incluso sancionadas. Si en algún momento llegan a emparejar la cifra con los varones, por esta juiciosa y moral apreciación hacia la infidelidad femenina, las mujeres —que hoy hacen menos alarde de la experiencia que los hombres—

continuarán siendo más reservadas en el futuro. Y es que no solo son blanco del juicio masculino cuando ejercen su libertad sexual, sino también están bajo el escrutinio de otras mujeres que, desde la mirada patriarcal de represión e ignorancia, suman al desprecio masculino sus propias apreciaciones despectivas y moralistas.

Para los varones la variedad en el sexo es una justificación común para ser infieles; para las mujeres con más frecuencia es el amor, la contención y el cariño; sin duda se incluye en la experiencia la importancia de explorar su sexualidad y de afirmar su feminidad, pero más como consecuencia del vínculo afectivo que como necesidad primaria.

Habitualmente, cuando en la pareja ha habido engaños, si la mujer se ha enamorado de otro hombre es probable que quiera terminar con su marido; en cambio los varones, incluso enamorados, tienden a perpetuar ambas relaciones y son más reacios a terminar alguna. ¿Será que las mujeres tienen mayor congruencia que los hombres? ¿Acaso ellas pueden integrar menos las complejidades y dualidades del amor? Lo que sí parece una constante es que son más las mujeres que buscan mejorar su relación de pareja antes que buscar un amante, y que cuando lo encuentran su conducta tiene que ver en general con una insatisfacción conyugal más profunda.

Sea cual sea el caso, una infidelidad femenina, cuando la culpa se puede manejar, aporta a la mujer un sentimiento de libertad y poder por el hecho de ser capaz de elegir otro objeto de deseo: se siente deseada y tratada de manera especial, confirma su atractivo, y se permite desplegar diversas formas de expresión afectiva y erótica que muchas veces desembocan en una mejor respuesta sexual.

Quizá los años de sumisión femenina hacen que la vivencia de la infidelidad decante en una experiencia de empoderamiento y resistencia. Por eso muchas mujeres que poseen un grado suficiente de madurez psicológica son muy fieles, pero son también este tipo de mujeres las que pueden ser más infieles, entendiendo que la madurez es la asimilación positiva de las experiencias complejas y conflictivas de la vida.

Expliquemos esto: por un lado, las mujeres maduras son congruentes con sus principios y acuerdos, aceptan la fidelidad pactada con su pareja, y manejan con convicción sus compromisos de todo tipo, incluyendo el de la aceptación de la fidelidad pactada. Pero también pueden ser infieles, pues consideran que es una opción saludable y aceptable, más allá de sus condiciones de género y de todo tipo de prejuicios y represiones. De hecho, desafían la cultura dominante que puede tacharlas de putas, y se arriesgan a sus proscripciones.

En el caso de los hombres, la infidelidad está en favor de la inercia cultural, por lo que ser infieles no es un mérito, sino un mandato: su gracia sería limitarse de ser infieles a pesar del señalamiento social que puede tildarlos de «homosexuales»; en este sentido, un varón que renuncia a la tentación da cuenta de madurez. El riesgo y rompimiento de creencias que implica para la mujer cometer una infidelidad habla de un desafío a la cultura dominante que la señala de «fácil» y de «puta» si se permite esas conductas.

Las mujeres infieles, quienes pueden implicarse emocionalmente con más frecuencia, ante la dificultad de sostener la incongruencia y la mentira de llevar una doble o triple vida, eligen terminar su relación primaria para vivir con libertad el nuevo vínculo. Por el contrario, por culpa y falta de integridad, deciden terminar con la infidelidad en tanto que merma más su satisfacción general y alimenta su intranquilidad. No sobra mencionar el miedo a que las descubran, y a todas las consecuencias que eso implicaría.

Por otro lado, cabe mencionar que las mujeres con estilos de vida conservadores –por tanto, dependientes– toleran más las infidelidades de su pareja, siempre y cuando no se salga de ciertos límites, y replican estándares de sometimiento y abnegación; mientras, las mujeres más independientes comprenden –a veces por propia experiencia– la complejidad del amor, o son menos consecuentes con los deslices de sus parejas si responden a un abuso o a una inmadurez evidente.

En sociedades con mujeres más empoderadas, preparadas e independientes, los porcentajes de infidelidad femenina y masculina se van emparejando, si bien los varones siguen llevando la delantera. Esto se debe al rol activo que la mujer ha adquirido en su propia vida, así como a las oportunidades actuales de tener no solo una vida doméstica, sino de participar en la vida pública que antes era exclusiva de los hombres.

Ponerse en juego en diversos escenarios políticos, económicos y sociales, les da a las mujeres más oportunidad de conocer personas, generar relaciones interesantes e incluso cometer infidelidades.

9.4. ¿PA' DÓNDE HACERNOS?

Quizá tanto los hombres como las mujeres hoy tienen fantasías de infidelidad a temprana edad, entendiendo que vivimos en un mundo menos represivo y que el amor no acota el deseo. La actuación de dichas fantasías aumenta y ocurre a una edad más temprana en los hombres que en las mujeres. La infidelidad va siendo poco a poco más un tema de sexo y afectos relacionados con situaciones particulares que un tema de género, pero sigue siendo imposible no mencionar que en tan solo dos generaciones nos estamos moviendo de un modelo de relación de subordinación femenina a un modelo más simétrico: del hombre activo y la mujer pasiva, al intercambio libre entre dos personas que se eligen recíprocamente para acompañarse en la vida.

Estos cambios dejan obsoletos algunos modelos de relación. Los hombres han perdido algunos referentes de masculinidad, pues al desvanecerse los privilegios patriarcales ancestrales no entienden bien qué les corresponde hacer. Las mujeres, por el contrario, han ganado seguridad, y aspiran a una mayor autonomía y satisfacción, aun con el anhelo de ser cortejadas y protegidas, pero sin el costo de permanecer en un segundo plano.

Así, se dejan atrás roles fijos que, por más rígidos que fueran, daban claridad, y aun cuando esto supone una liberación, cada vez que se resuelve un problema surgen otros, con otras dificultades y desafíos; en este caso, la incertidumbre, duda y ansiedad características del aumento de la libertad.

Para continuar el cambio, no es suficiente con mejorar la situación de las mujeres. Se necesita cambiar todas las reglas del juego: repensar el amor, la pasión, la fidelidad y el compromiso. Para esto el feminismo sirve, pero no es suficiente: falta el acuerdo y la participación de los hombres. ¿Cómo invitarlos a involucrarse?

Una respuesta posible al problema –sencilla de señalar, pero compleja de alcanzarse– implicaría que los hombres entiendan la importancia de la equidad, y para ello deberán comprender que no tienen derecho alguno de posesión sobre las cosas y mucho menos sobre las mujeres. La equidad de género es un juego donde todos ganan, pero para empoderar a las mujeres es necesario incluir a los hombres: no podemos cambiar las relaciones sociales sin cambiar las relaciones íntimas, por lo que esta transformación se construye y se recrea en el interior de la vida amorosa, con sus gracias y sus desgracias.

CAPÍTULO 10

LOS NUEVOS ACUERDOS AMOROSOS

La infidelidad sigue encabezando las causas de separaciones o divorcios. Aunque, recordemos, no siempre es la infidelidad la verdadera causa de las rupturas; detrás de este hecho hay insatisfacción, falta de interés en la pareja, cansancio e insatisfacción erótica. La infidelidad es más un efecto que la causa misma.

En el mundo actual es improbable imaginar una relación de pareja entre un hombre y una mujer que se conocieron en su tierna adolescencia, que no han tenido más experiencia erótica que la compartida entre ellos y que proyectan permanecer juntos toda la vida. Por otro lado, la idea del engaño, la doble vida y la infidelidad tampoco son una forma certera de capotear una vida de pareja que se antoja anquilosada y poco estimulante.

Más allá de la tolerancia de la infidelidad, la mayoría de las personas asumen que la idea de vivir «unidos para toda la vida» se complica con el tiempo, simplemente porque los seres humanos vivimos más de lo que resisten la mayoría de las relaciones amorosas. Es quizá por esto que muchas personas están experimentando una especie de monogamia sucesiva, con la cual aseguran que en cada uno de sus vínculos amorosos se recree la idea de «yo soy el único y el todo para ti y tú representas eso mismo para mí», al tiempo que evitan un sexo «de mantenimiento», el cual ocurre en las relaciones muy largas y que termina siendo rutinario y aburrido. Lo que apoya estas monogamias sucesivas es considerar la dimensión erótica –que incluye la sexualidad, la genitalidad, pero es más que ambas– como lo propio y distintivo de la pareja, y dejar fuera el acecho de un tercero y el riesgo de una dolorosa infidelidad.

Esta nueva comprensión de que el amor «es eterno mientras dura» se alcanza con diversas peripecias: la idea más realista de un amor que, sin dejar de ser bueno, tiende a ser efímero, genera desilusión, ansiedad y decepción.

10.1. HACIA DÓNDE MOVERNOS

¿Será entonces la ruptura el único camino para disfrutar de otro, e ir de relación en relación «monógama» para evitar el planteamiento de una nueva opción? He insistido en que ninguna relación de pareja puede llenarnos del todo: el amor adulto siempre nos ha de dejar algo insatisfechos, pero eso no significa que tengamos que disolver una relación, ni que debamos reprimir otra realidad. Algunas infidelidades dan cuenta de que la relación de pareja requiere terminar, por las razones que sea, pero existen relaciones amorosas de larga duración en las que el deseo es difícil de conservar, y si bien también el amor es difícil de cultivar, se ha construido y sigue viviendo gracias a la convivencia y el compromiso de la pareja.

Rafael Manrique, psiquiatra cantábrico y estudioso de los comportamientos amorosos, nos plantea el siguiente escenario: si se consideran los años, la solidez y la experiencia necesaria en cada uno de los miembros de una pareja y en la relación construida, ¿sería posible que los espacios extraconyugales no tuvieran por qué confundirse con el amor que se tienen los amantes, ni habría por qué desmoronarse ante su existencia?

La relación primaria tendría ciertas amenazas, pero no más que las que atraviesan las relaciones convencionales, y sería posible conservar lo positivo que se ha cosechado en los años de convivencia, incluso un erotismo suficientemente bueno, sin necesidad de privarse de algún encuentro extraconyugal. A veces quizá bastaría plantear que, aun habiendo muchas cosas que unen a la pareja, la pasión erótica podría tener también un lugar fuera de la relación.

La familia monogámica patriarcal encierra un excedente de represión que mucha gente libera en el trabajo, con los hijos, en eventos sociales o en actividades físicas, todas ellas formas de compensación. Cuando se está preparado para respetar al otro como un igual –y se tiene una dosis suficiente de confianza y seguridad en uno mismo y en la pareja–, el amor puede desafiar los marcos convencionales, permitiendo una dinámica social más amplia y tolerante.

Liberar a Eros –como dice el sociólogo inglés Anthony Giddens, en su libro *La transformación de la intimidad*– no es solo coherente, sino la verdadera condición para forjar relaciones más civilizadas. En este sentido, afirma Giddens, los acuerdos extramaritales son también liberadores. Sin duda, una sexualidad abierta, extraconyugal, puede ser un pretexto para evitar la intimidad, pero también ofrece un medio para sostenerla, transformarla y perfeccionarla.

Las relaciones extraconyugales y los nuevos modelos amorosos, reitero, no han de ser necesariamente incompatibles con relaciones amorosas duraderas y satisfactorias. Estos planteamientos nos abren la puerta a nuevos acuerdos de pareja y a nuevas formas de vivir el amor, diferentes al matrimonio monógamo heterosexual, válido y deseado para algunos, pero no satisfactorio y plausible para todos.

Cualquier nuevo acuerdo de pareja debe tener prescripciones y proscripciones, sin olvidar que a mayores prohibiciones, mayores transgresiones también: ¡nada despierta más las ganas de tocar que la orden: «Favor de no tocar»!; quizá por eso el tema de la infidelidad adquiere inevitablemente un atractivo especial.

Hoy podemos observar con mayor frecuencia múltiples estilos de relaciones humanas, en tanto que la familia nuclear/tradicional intacta –papá, mamá e hijos(as)– es minoría, en comparación con la suma de familias multiformes con hijos adoptivos, madres y padres solteros, segundos matrimonios, familias reconstituidas, parejas convencionales o abiertas, solteros que viven juntos, parejas homosexuales –casadas o no–, parejas en unión libre, hogares unipersonales, relaciones poliamorosas, parejas casadas o no, que viven en casas separadas.

Cada una de estas opciones tiene cierta novedad, al tiempo que aspira a alguna estabilidad y permanencia a través de acuerdos o contratos, explícitos o implícitos, generalmente sustentados en el deseo de unión y en la disposición sentimental y erótica de los que pactan, disposición siempre incierta y cambiante. Por esto y más, va teniendo sentido abrirnos a relaciones diferentes que son compatibles con parejas estables.

¿Cómo no vivir una era de mayor fragilidad amorosa? ¿De qué forma capotear el influjo de un mundo posmoderno que huye de los sentimientos y la dependencia?

La manera de concebir el amor, la familia, el deseo y las relaciones de pareja ha cambiado, y eso no tiene marcha atrás: existe junto con el deseo de permanencia un miedo a comprometernos a largo plazo, la exaltación de una sexualidad compulsiva con poco significado, el ideal de no sentirse vulnerable y la búsqueda frenética de la independencia afectiva. En síntesis, una priorización de la individualidad, al tiempo que se desea y se añora la conyugalidad.

El dilema que se nos plantea consiste en cómo, en medio de este devenir imparable, se puede lograr un acompañamiento suficientemente seguro que enriquezca la vida de quienes participan en él. Quizá la respuesta se perfila al considerar que la transformación de las relaciones ha de responder también a un proyecto personal, en tanto que el amor no puede ser hoy el único proyecto de vida: esto quita carga a la relación y hace a cada uno responsable de su propósito de vida y de su bienestar personal; al mismo tiempo, el encuentro ha de facilitar una vida relacional satisfactoria dentro de un marco de trasgresión que promueva una emancipación política –que se experimenta en la intimidad–, a través de la apertura a nuevas posibilidades de vivir la pareja mediante diversos modelos amorosos.

Algunas conductas que dan cuenta de este nuevo escenario es la resistencia a relaciones de posesión y la búsqueda de relaciones más libres, la mala fama de los celos y la posibilidad de negociar relaciones más abiertas. Se resquebraja la época del romanticismo, a la vez que se añora una cultura sentimental.

10.2. NUEVAS FORMAS DE VINCULACIÓN

El sexo, el erotismo y el amor tienen un potencial inimaginable y multidimensional. En contra de lo que se ha pretendido adoctrinar y defender a lo largo de los siglos, las personas podemos aplicar diversas conductas erótico-afectivas en forma simultánea con diferentes personas, con distintos propósitos y en situaciones divergentes. Esta conciencia y una vida pluridimensional, producto de la nueva era que habitamos, permite el surgimiento de formas alternativas de vinculación con nuevos contratos de pareja.

Estas recientes modalidades requieren también repensar el tema de la fidelidad y conceptualizarlo de manera diferente; pero, en su núcleo, lo que desafían es la idea tradicional de vivir la pareja y entender la fidelidad dentro del esquema de un amor único y total. Revisemos algunas de ellas.

Parejas abiertas

Hablar de pareja abierta hace referencia –en contraposición con las parejas cerradas con acuerdos monógamos de exclusividad afectiva y sexual– a relaciones en donde los dos miembros de la pareja pueden libremente vincularse con otras personas. Estas parejas conservan su compromiso afectivo, pero no pactan una exclusividad sexual.

En general este planteamiento implica una exclusividad afectiva y una apertura a tener relaciones sexuales con terceros, bajo acuerdos concretos que pueden ir desde la aceptación de canas al aire, hasta la inclusión constante de otro, pero a cierta distancia geográfica, por ejemplo. Otro acuerdo sería el compartir, o no, sobre la experiencia extraconyugal con la pareja primaria. Estos acuerdos siempre pueden ser cambiantes y reformulados, dependiendo del devenir de la pareja y de los efectos que se perciben conforme se experimentan.

Las parejas abiertas intentan excluir la posibilidad de un entendimiento afectivo con el tercero incluido; mas es díscolo, y de hecho no siempre posible, disociar el sexo de la afectividad. Algunas personas logran desvincular la vida sexual del mundo afectivo, pero no siempre resulta viable, ni necesario, ni deseable. Claro que, mientras se resuelven problemas como la monotonía, el encierro y la exclusividad de una pareja de larga duración, también hay riesgo de producir otros conflictos.

El impacto de las relaciones abiertas sobre la pareja puede ser muy variado: desde la estimulación que facilita que una relación estable continúe generando novedad y placer, hasta un desequilibrio que lleve a la pareja a su fin.

Uno de los riesgos más temidos es la posibilidad de un enamoramiento. Un enamoramiento extraconyugal no es sencillo de manejar, pero no tendría por qué ser motivo de rompimiento. Imposible que una experiencia así no detonara una mayor ambivalencia y contradicción, y en cierto momento incluso la terminación. Pero ¿sería preferible no abrirse a estas posibilidades por los riesgos que conllevan? Sería negar que la pareja monogámica incluye otros riesgos que también derivan en su disolución.

Dentro del vínculo primario, o conyugal, supuestamente estable, ya sea matrimonial o no, está lo cotidiano de la vida de la pareja, con frecuencia hijos y otros muchos proyectos compartidos; dentro de los vínculos extraconyugales que pueden llegar a compartir algo de lo conyugal, y no solo el sexo, están las posibilidades de algún proyecto laboral, de espacios de esparcimiento, de apoyo moral, incluso económico, de expansión cultural, de contención emocional. Estos vínculos, aun siendo diferentes a la pareja base, coexisten con ella y aportan diferentes modalidades y significados.

Con todo y los riesgos, hay buenas parejas que están formadas por mucho más que dos, y que con esta alternativa integran un tipo de equilibrio que les permiten sostenerse satisfactoriamente, conservar lo preciado y funcionar de forma oportuna en la vida cotidiana. Algunas parejas retornan, después de una época de apertura, a cerrar de nuevo la relación.

Inclusión de otras parejas sexuales

Algunas parejas abiertas, o también parejas cerradas, incluyen a terceras personas en sus prácticas sexuales. Estos son los famosos tríos que pueden devenir en cuartetos o en relaciones grupales. Una de las prescripciones más comunes de este tipo de intercambios es que ambos cónyuges participen de los encuentros sexuales al mismo tiempo, y detengan la práctica cuando alguno de los dos se sienta incómodo o amenazado.

Hay parejas que permiten todo tipo de conductas en estos encuentros, y otras ponen normas particulares del tipo: «terminas conmigo»; es decir, el orgasmo, la eyaculación, ha de ser con la pareja primaria. Y como estas especificaciones, muchas más: la penetración es exclusiva de la pareja, el tercero o terceros son solo voyeristas, o bien, se vale todo, pero solo con mujeres o solo con hombres; con frecuencia en las parejas heterosexuales que integran a otra persona, son las mujeres las que aceptan la presencia de otra mujer, y los hombres tienen más dificultad para integrar a otro varón.

Es común que este tipo de acuerdo inicie por la petición particular de alguno de los integrantes de la pareja; rara vez ambos miembros llegan al mismo tiempo a la conclusión de que requieren abrirse o innovar. Aun así, y con el manejo adecuado, se puede consensuar la importancia, gusto o necesidad de ampliarse en el terreno erótico y buscar otras formas de renovar a la pareja y de mantener y diversificar el placer. Esta práctica no tiene por qué significar necesariamente que la relación base esté mal, que la pareja está por romper o que el amor, tras la experiencia, se va a disipar y la pareja a terminar.

Swingers

Los *swingers* son otra posibilidad de prácticas sexuales transgresoras entre las parejas abiertas o cerradas. En los años setenta apareció esta modalidad, que consiste en el intercambio de pareja, generalmente entre parejas heterosexuales. En esta práctica la pareja acuerda tener relaciones con el miembro del sexo opuesto de otra pareja con la cual se pacta el intercambio. En ocasiones los cuatro integrantes *swingers* pueden compartir en una relación grupal, pero en general se da por separado y solo por una noche.

Como todos estos comportamientos, quienes practican el sexo *swinger* también tienen acuerdos, y uno de los más generalizados es que estos encuentros se limitan a los intercambios consensuados por los cuatro participantes. Es común insistir en que no se permiten relaciones sexuales fuera de los integrantes de las dos parejas, ni en espacios desconocidos para la pareja principal.

Existen también espacios *swingers* donde se generan los intercambios sin conocimiento de los miembros de la pareja, y sin intención de volver a encontrarse. Una experiencia de una sola noche que excluye la posibilidad de un cierto apego y por tanto de continuidad. Estos espacios más comunitarios donde se practica el sexo *swinger* tienen sus prescripciones y prohibiciones también, las cuales se suman a lo que la pareja base acuerde en su propia intimidad.

Matrimonios colectivos

Quizá menos comunes, pero existentes, los matrimonios colectivos son un conjunto de parejas o grupos que viven juntos compartiendo un hogar o bien en comunidades con alguna ideología contracultural particular que los une –filosófica o religiosa– y con libertad de tener relaciones sexuales con cualquier miembro del grupo. Algunos matrimonios colectivos pueden ser, más allá de las creencias compartidas, un grupo pequeño de personas con intención de probar esta experiencia y expandir su relación de pareja.

En esta modalidad, la posibilidad de establecer lazos afectivos está dada, y también la puntualización de generar acuerdos, compromisos, deberes y obligaciones como en cualquier grupo. Existen tríos que podrían entrar en esta categoría: un varón con dos mujeres, dos varones con una mujer (no tan común), tres varones o tres mujeres que generan un tipo de matrimonio entre los tres.

Parejas virtuales

La tecnología abre las puertas a mundos que hace no mucho tiempo eran inimaginables. No podemos negar que hoy en día la posibilidad de tener relaciones sexuales sin meter el cuerpo es una realidad. La virtualidad nos saca del mundo de la fantasía al saber que hay alguien del otro lado de la pantalla, y nos hace cuestionar las posibilidades de los alcances humanos en términos de vínculos y relaciones. Estos nuevos intercambios pueden transformar la base física de nuestra existencia.

Más allá de la pornografía, que sería objeto de estudio de otro libro, la posibilidad de tener «cibersexo» y otro tipo de intercambios en la red puede ser un acuerdo conyugal que libere la tensión de una pareja cerrada. De hecho, las prácticas sexuales en la pareja estable pueden ser la recreación de fantasías o vivencias virtuales que aporten variedad y emancipación a una pareja que requería nuevas experiencias.

Siempre está el riesgo de buscar el encuentro carnal con el amante virtual, pero, de nuevo, los acuerdos entre la pareja acotan los riesgos de estos intentos de expansión sin erradicarlos del todo.

Poliamor

El poliamor apareció a raíz de las relaciones *swinger*. En sus presupuestos base está la idea de que se puede tener varios amores simultáneos; no solo amantes, sino amores. Para los poliamorosos la monogamia es insostenible, la respetan como elección de otras personas, pero están convencidos de que para ellos la posibilidad de amar a varias personas es real.

Las relaciones poliamorosas pueden derivar en matrimonios colectivos, o bien en relaciones abiertas paralelas donde cada quien tiene su espacio y su tiempo. Lo que los homologa es que existe el acuerdo de convivir con varias personas –sexual o afectivamente– sin engaños ni tapujos. Este tipo de acuerdos se da más en personas homosexuales o bisexuales, pero también muchos heterosexuales practican el poliamor.

10.3. CÓMO ABRIR UNA RELACIÓN SIN FRACASAR

Cuando se hacen realidad las fantasías de apertura erótico-afectiva, los miembros de la pareja enfrentan nuevos dilemas y retos. Si bien la mayoría de las parejas pactan –dependiendo de sus características, flexibilidad y necesidades– acuerdos en los territorios sexual y emocional, es difícil asegurar que los efectos de los intercambios no deriven en «algo más de lo pactado».

Hemos explicado que algunas personas aceptan el intercambio sexual, pero no el involucramiento emocional; al tiempo que otras tantas entienden que podría darse algún tipo de implicación sentimental, pero con ciertas especificaciones de tiempo y forma (que el tercero no viva en el mismo país, o en la misma localidad; que solo se vean determinados días al mes, que sea de determinado sexo, en casos de bisexualidad, por ejemplo) y confían en que los terceros no desbancarán a la pareja base. Si bien es importante, necesario y útil hablar y plantear estos escenarios, también es inevitable prever la posibilidad de que estos cambien a la hora de vivirlos: ¿cómo asegurar que lo sexual no integrará lo sentimental, o que lo sentimental no derivará en lo sexual?

He dicho que el erotismo humano, el genuino goce erótico, es más que genitalidad. Al tiempo que puede integrarla, el erotismo es generoso y requiere cierta develación de la intimidad para que sea disfrutable; si no, se quedaría en un intercambio hasta cierto punto «animal» que integraría poco más que la resolución de una pulsión física, entonces ¿cómo se pueden limitar las experiencias de apertura conyugal a solo un intercambio sexual o una charla sentimental?

Justamente lo gratificante de estas nuevas propuestas es que ponen en juego dinámico las dimensiones corporal y erótica, y si bien nuestros temores y prejuicios nos llevan a querer plantear más reglas de las posibles, a veces la experiencia nos rebasa y arribamos a territorios extraconyugales que justo comparten con lo conyugal parte del encanto propio de la pareja –sexo, intimidad, emocionalidad y convivencia–. De lo contrario, ¿no serían simplemente nuevas amistades o compañías? Y es que lo uno incluye e ilumina lo otro: cuerpo, emoción, sexo y erotismo.

El riesgo de la sobreimplicación existe, pero ¡atención!, no tiene que ser sinónimo de rompimiento ni de desilusión. Puede haber complejidad, contradicción y ambivalencia, sí, como todo lo que es realmente amoroso.

Quienes se adentran en estas geografías requerirán mayor energía, mayor cuidado, autolimitación, claridad y madurez. Pocos trabajamos en adquirir estos atributos; por tanto, habrá que hacernos responsables de los riesgos que tomamos, de las decisiones aceptadas, de estas mezclas y estas fusiones, sobre todo cuando nunca nos hemos dado a la concienzuda tarea del crecimiento personal. Probar y asimilar estas experiencias requiere tiempo, constancia, pausa y una genuina autorreflexión.

Abrir las relaciones amorosas, en cualquier plano –fantástico, virtual o actual–, genera la necesidad de manejar no solo el riesgo, sino también la experiencia de pérdida, exclusión y abandono que puede detonar.

La amenaza que experimenta la pareja ante las relaciones sexuales y sentimentales con otras personas no radica propiamente en el sexo ni en la intimidad con otro, sino en que la presencia de otros puede producir humillación, reclamaciones, mentiras, inseguridades o amenaza. Estas experiencias tiñen de miedo la relación y la herida que pueden generar es grande, traumática y en general –si no se maneja bien– insuperable. Son los efectos los que crean problemas en la relación, no tanto la inclusión de más personas ni las acciones que se ejecuten con ellas.

Esto es más fácil de comprender cuando es uno mismo quien experimenta los nuevos modelos, y no tiene intención de comparar, de sobajar ni de menospreciar a la propia pareja base;

es difícil vivirlo de la misma forma cuando los excluidos de la ecuación somos nosotros mismos; por eso muchos nos permitimos conductas que limitamos en nuestra pareja.

Estos nuevos modelos amorosos no son fáciles de pactar ni de vivir. A más inmadurez personal y menos autonomía, más intensa es la sensación de miedo y humillación. Sin embargo, tampoco son fáciles las renuncias y represiones que a veces conlleva la vida monógama, y no solo eso, la pérdida del deseo que lo extremadamente doméstico y cerrado detona en la vida de la pareja.

¿Qué funciona para cada quién? ¿Qué riesgos se toman y qué desafíos se enfrentan? Son respuestas que cada uno tiene que pactar desde la propia elección, responsabilidad y cuidado de uno mismo y del compañero de vida.

10.4. LOS FACTORES INDISPENSABLES PARA HACERLO POSIBLE

Los nuevos modelos amorosos requieren madurez emocional y relacional. Cuando la pareja siente que su relación es sólida, cuando cada persona ha vivido situaciones que forjan su autonomía y seguridad personal, cuando ambos están unidos por elección y no por necesidad o por presión, es más fácil acceder a estas nuevas formas de vivir el amor. Es imposible asegurar que la transición no generará crisis –si no es que alguna crisis impulsó la transición–, pero muchas veces son las mismas crisis las que abren nuevas formas de relación que no resulten catastróficas para la pareja, sino, por el contrario, aumentan sus posibilidades de vida como personas y como relación.

Así, la solidez de la relación y la satisfacción con la propia vida individual –seguridad personal, autonomía emocional y económica, y sentido de propósito– son dos factores indispensables para abrir nuevas posibilidades relacionales que, al mismo tiempo que aumentan la complejidad, aportan también autonomía y realización. Si los integrantes de la pareja no son independientes el uno del otro, en términos emocionales y económicos, es difícil que los acuerdos puedan funcionar porque existe una relación de dependencia, control y sumisión, que coarta la libertad de decisión de la persona más débil. Por eso es central tener proyectos de vida personales que nada tengan que ver con la pareja, en los que cada uno de los miembros esté involucrado de manera individual y con pasión.

Es necesario hacer hincapié sobre la independencia económica: muchas veces el miembro dependiente en términos materiales se ve obligado a participar de acuerdos eróticos que están fuera de sus preferencias sexuales, pero el temor al desamparo financiero le impulsa a acceder.

Vale señalar también que estos modelos amorosos son una categoría amplia difícil de agotar en este capítulo, pero esto no significa vivir de manera polígama (estar casado con más de una persona), ni tampoco la decisión unilateral y oculta de un miembro de la pareja de abrir la relación, sin dar cuenta a la pareja. Esta última decisión se sustentará en la idea de un nuevo modelo amoroso.

10.5. IDEAS PARA EXPLORAR NUEVOS MODELOS AMOROSOS SIN SALIR MUY RASPADO

- *Los nuevos modelos amorosos no funcionan para todas las parejas.* No a todos les pueden gustar las parejas abiertas, como tampoco es para todos la vida en monogamia. El término *sociosexualidad* –una orientación sexual como la homosexualidad, bisexualidad o heterosexualidad– da cuenta de la disposición de las personas a involucrarse en diversas relaciones erótico-afectivas simultáneamente, con distintos grados de compromiso. Dependiendo de tu inclinación por cualquier extremo de la escala sociosexual, será más fácil entenderte con personas que se encuentren en tu mismo rango: hay personas que no tienen interés alguno, ni deseo y necesidad de abrirse a muchas parejas, mientras que otras consideran imposible limitarse a una sola. Así como buscamos pareja entre personas compatibles con nosotros en el área de intereses, personalidad y valores, la sociosexualidad se va convirtiendo cada vez más en un factor a considerar para no obviar que toda relación de pareja implica un acuerdo monógamo. ¿Qué tan oportuno es plantear esta preferencia al inicio de una relación? Muchas veces el miedo al rechazo nos lleva a ocultar la predisposición a tener varias parejas. Aun cuando la madurez de una relación dará la pauta de la transición en esta línea, la evidencia de que alguien no vislumbra e incluso repele la posibilidad de vivir así es un factor de peso en la elección de pareja.

- ***Los nuevos modelos amorosos requieren de un equilibrio entre la distancia y la cercanía de la pareja base.*** Una cosa es estar unidos y otra cosa es estar pegados. Las parejas que practican este modelo han de tener la contradictoria necesidad de querer estar juntos y al tiempo separados. La tensión entre este equilibrio es necesaria, puesto que demasiada distancia hace que se pierda la conexión, pero una extrema fusión impide crear el espacio para integrar a otras personas. Es clave cultivar la cercanía sin sentirnos atrapados; es la madurez erótica –además de las características personales y las necesidades de la pareja– la que permite a través de los terceros cierta distancia, que vuelve a dar vida al erotismo de la pareja base. El amor crece en la cercanía, pero el deseo se incrementa en la distancia, la incertidumbre y el desconocimiento.
- ***Los nuevos modelos amorosos no son rutas de escape.*** Cuando una pareja tiene conflictos no resueltos, una pareja abierta o cualquiera de las opciones planteadas

anteriormente sería no solo una anestesia al problema, sino un potente veneno para la relación. Pareciera que, al igual que la decisión de tener un hijo cuando una relación está mal no mejora en nada la situación, el plantear la posibilidad de relaciones divergentes antes de poner sobre la mesa lo que se tiene que atender, resolverlo y sanar, es un camino al fracaso de la propuesta. Evadir los problemas no resueltos solo aumentará los malestares y gestará más problemas lastimosos que no era necesario enfrentar.

- ***Los nuevos modelos amorosos no son la alternativa para salvar una relación que ya había perecido.*** En ocasiones la pobreza de una relación o la violencia agotan cualquier posibilidad de salvarla. En los casos en que el rompimiento es inminente y nada de lo que se vive al interior de la pareja da significado y placer a la vida de uno o ambos integrantes, abrir la relación es un placebo a la verdadera solución: la separación. Cuando se trata de evitar una ruptura evidente con la introducción de nuevos modelos de vivir el amor, hay una contradicción. El éxito de estos últimos es justamente la existencia del amor previo.
- ***Los modelos amorosos requieren acuerdos con reglas y situaciones renovables.*** La no monogamia incluye muchas posibilidades, y cada una tiene sus propios goces y desafíos. Siempre que incluimos en cualquier área de nuestra vida un nuevo comportamiento, hemos de transitar por un periodo de ansiedad y temor (en este caso, también de emoción) antes de poder integrar las nuevas conductas. Por esto, y por la complejidad de la experiencia en sí, es importante plantear y replantear tiempos, formas, acuerdos, normas, salidas de emergencia y nuevas formas de conversación: darse tiempo para caminar un pasito para adelante y otro para atrás. A diferencia de la monogamia, cuya única regla es no

tener relaciones sexuales con nadie más, los modelos abiertos requieren más especificaciones. Aun así, la experiencia, conforme se vive, aporta indicadores de qué se quiere y de qué se puede, qué se goza y qué se sufre; todo ello servirá como importante retroalimentación para recontratar al interior de la pareja. Sobra decir que nadie conoce los propios límites sino hasta que los prueba. Desafiarse un poco es necesario: salir de la zona de confort y revisar si el nuevo territorio se puede conquistar o se ha de replantear.

- ***Los nuevos modelos amorosos han de priorizar a la pareja base.*** La apertura a nuevas relaciones es un desafío para la pareja primaria porque aportan excitación, emoción y nuevas energías a las personas, aunque también pueden hacer trastabillar a los cónyuges al restar importancia y atención al vínculo primario, y puede ser que alguno de los dos lo resienta más. Sabemos que hacer malabarismos con varias pelotas es más difícil (y entretenido) que jugar con una sola bola; pero, por lo mismo, se requiere de una clara conciencia de tocar base en forma permanente con la pareja, para valorar cómo marchan los nuevos acuerdos y destinar tiempo a la relación principal. Demostrar a la pareja base su importancia, el afecto y su centralidad es indispensable para que la seguridad mutua permita la nueva exploración.
- ***Los nuevos modelos amorosos requieren de personas libres.*** El amor siempre implica una cierta dependencia porque somos seres que nos necesitamos y nos apegamos los unos a los otros, mas hemos de generar interdependencias elegidas que nos permitan vivir libres, y no situaciones de sometimiento total. Las personas extremadamente fusionadas están incapacitadas para experimentar estos modelos de relación, pues vivirán con extremo miedo y sensación de amenaza la inclusión de terceros que rompan la deseada fusión.

- *Los nuevos modelos amorosos necesitan ser independientes del entorno social.* El amor es algo antisocial, en tanto que busca lo secreto, lo único, lo diferente. El matrimonio, a diferencia, es social, busca las normas, lo establecido, lo comprobado. Vivir relaciones abiertas es un peligro para lo social, pues cuestiona valores establecidos, trastoca a veces clases sociales, desafía lo convencional, incluso desacraliza las ideas románticas. Así, estos nuevos comportamientos de pareja no se sujetan a las normas religiosas y legales del matrimonio, sino a las reglas establecidas entre los amantes.
- *En los nuevos modelos amorosos los terceros y cuartos incluidos son sujetos y no objetos de uso y abuso de la pareja.* Más allá del lugar de compromiso de quienes danzan eróticamente con la pareja base, ambos cónyuges han de considerar también la integridad física y emocional de las demás personas involucradas, quienes no solo merecen un lugar de cuidado y respeto, sino una claridad de la posición de cada persona y de la pareja. Los nuevos modelos amorosos siempre incluyen un tipo de compromiso con todos los involucrados.
- *En los nuevos modelos amorosos, algunos de los terceros y cuartos incluidos pueden lograr un entendimiento entre sí.* Parece imposible imaginar que hay relaciones poliamorosas o triádicas, en las que cada uno de los integrantes entiende su estatus y su lugar, y pueden coincidir o relacionarse de distintas formas entre sí sin perturbar el equilibrio de la ecuación. No es extraño observar que en ocasiones los miembros de un triángulo que no tienen contacto sexual entre ellos, sostienen un tipo de relación que puede perdurar más allá de lo que dure la tríada amorosa.
- *Los nuevos modelos amorosos no están libres de celos.* Si esto no ocurre ni en las relaciones monógamas, ¿por qué habríamos de esperar que ocurriera en las relaciones

abiertas? Los celos son una experiencia universalmente humana, y como tal trascienden la mencionada sociosexualidad. Pero una cosa es experimentar celos y gestionarlos, y otra es proceder a conductas lastimosas como amenazas, insultos y persecuciones para atenuarlos.

- *Los nuevos modelos amorosos requieren de habilidades para manejar el riesgo y la incertidumbre.* Las parejas que quieren certezas absolutas quedan fuera de la posibilidad de construir este tipo de pactos relacionales. Poder tolerar la incertidumbre y aceptar ciertos riesgos son componentes indispensables para construir algo nuevo cuyo final se ignora. La excesiva necesidad de tranquilidad y certeza limita la flexibilidad necesaria para adoptar papeles y posiciones diferentes, dependiendo del acuerdo vigente y del momento de la relación. De ahí que muchas parejas que incursionan en estos modelos no solo toleran, sino que promueven vidas más originales y un tanto caóticas, cuyo desafío es parte del atractivo de la relación. Los miembros de la pareja experimentan en estos intentos una expansión personal, aumentan sus vivencias y escenarios amorosos, y con ello enriquecen sus opciones de vivir la vida.
- *Los nuevos modelos amorosos requieren personas sinceras pero sensatas para funcionar.* Más allá de los acuerdos establecidos, ha de considerarse que la confesión compulsiva y la pretensión de sinceridad absoluta y de apertura total ponen en riesgo el sostenimiento de estos acuerdos. Se ha de adquirir la habilidad, sin mentir, de reservar experiencias que forman parte de la intimidad personal, con el fin de preservar a la pareja base y al nuevo modelo en su totalidad. Algunas parejas extremadamente transgresoras y perversas gozan de compartir ciertos detalles de los intercambios, pero la generalidad de las personas necesita preservar su intimidad.

Además de estas especificaciones, hemos de agregar que hay riesgos cuando los nuevos modelos amorosos se practican en lo que podríamos llamar un *pseudoacuerdo o una sobreimplicación*. Muchas de nuestras motivaciones de acción están impulsadas por deseos e intereses conscientes, pero también por pulsiones inconscientes.

Más allá de lo que podamos acordar verbalmente con relación a qué y cómo de las propuestas de apertura de la relación, nuestra disposición sentimental profunda puede no estar alineada con las negociaciones pactadas. Un ejemplo sería cuando alguno de los integrantes de la pareja, generalmente la mujer, que tiende a ser más dependiente del hombre, acepta algunas conductas más por temor al abandono o al rechazo que por una necesidad o deseo propios. Otro ejemplo de pseudoacuerdo es el caso de una pareja transgresora que quiere mostrar una postura ideológica de cierta militancia contracultural, y que convencidos «en la mente» de que lo tradicional no funciona, se apresuran a experimentar nuevas conductas amorosas sin medir los costos emocionales. Este sería el caso de Jean-Paul Sartre y Simone de Beauvoir, quienes, con una fuerte postura contracorriente, abrieron su relación, pactaron diferentes acuerdos y sufrieron los efectos de esta experimentación. Y qué decir si se juntan las dos situaciones: dependencia y militancia; la presión y los riesgos se exacerbarían aún más.

Una cosa es creer en algo y desearlo, y otra que las aspiraciones de permanencia y rebelión se construyan sobre posibilidades reales en el territorio emocional, económico y social. No toda buena intención ni toda idea congruente se puede llevar –por las circunstancias del entorno o las situaciones individuales– a la realidad.

10.6. AMORES EN TRANSICIÓN

Ni los modelos planteados abarcan todos los nuevos esquemas amorosos, ni todo mundo en busca de una apertura amorosa se acomoda en ellos. De lo que sí da cuenta cada uno de ellos es de las muchas personas que están buscando innovar sus relaciones: el deseo de expandir sus límites sexuales sin incurrir en infidelidades los impulsa a experimentar con formas divergentes que les permitan crear vínculos duraderos.

No hay propuestas alternativas para la pareja monógama tradicional que la sociedad acepte del todo; aun así, estas alternativas a las relaciones conservadores, con toda la carga moral que puedan tener, son quizá más deseadas y practicadas de lo que se piensa, pero por ir contracorriente (y con la etiqueta de «desviadas») se mantienen ocultas.

Estos nuevos modelos relacionales son caminos alternos al afán de conservar un amor estable al mismo tiempo que honran las necesidades particulares de las personas y las parejas: a veces se manifiestan en espacios compartidos con el cónyuge, a veces como paréntesis eróticos y emocionales en los que no participan ambos.

Estas nuevas geografías amorosas desafían a la pareja tradicional, pero en el fondo buscan transformarla para fortalecer los buenos amores. Paradójico, sí, pero nadie dijo que el territorio del amor comprometido es siempre lineal, simple y coherente. Por el contrario, las transgresiones de estas propuestas incluyen emoción, riesgo, fantasía, desinhibición y seducción, conductas que complejizan las relaciones y ponen en juego más potencialidades humanas y aumentan la experiencia, el deseo y la libertad de quienes las practican.

Todo lo que aporta más libertad también integra nuevos riesgos, más allá de los que implica la vida íntima. Los nuevos amores afrontarán también el rechazo social. Para ellos la vida será más complicada y exigente, pero también se abrirá la posibilidad de generar una fuerza y cohesión particular entre los amantes.

Desde luego, habrá personas que no requieran de tal complejidad para vivir bien el amor: prefieren una vida más sencilla –lo cual no significa que sea ni tonta ni anodina–; su mundo de deseos en el espacio conyugal es más acotado y suficientemente bueno para ellos. Los contratos relacionales abiertos, al mismo tiempo que hacen a los miembros de la pareja más atractivos –para ellos mismos y para el exterior–, requieren que los implicados tomen iniciativas, asuman la necesidad de mostrarse diferentes y jueguen papeles cambiantes.

La complejidad mental y conductual de estos desafíos puede asustarnos. Hay muchos medios, inclusive viviendo en una pareja cerrada y en una familia aglutinada, para sepultar nuestra propia multiplicidad.

¿Podrán estos intentos –independientemente de la complejidad de desplegarlos– detener la ola de separaciones y divorcios que arrasan a los matrimonios? ¿Permitirán estas nuevas modalidades atenuar el sometimiento que todavía experimentan muchas mujeres al interior de las relaciones de pareja? ¿Serán estas nuevas conductas amorosas una alternativa a la infidelidad, incluso a la violencia familiar? Quizá sea lo múltiple, lo abierto, lo diferente, incluso lo bígamo y lo cambiante –característico de estas propuestas– lo que desde una dimensión política dé un nuevo significado a la vida de pareja, al amor y a lo humano, y permita vivir con menos prejuicios y estereotipos morales los intercambios amorosos. Quizás estas alternativas al amor matrimonial tradicional abran posibilidades menos sexistas, menos competitivas, más humanas y más cooperativas.

Todos estos nuevos intentos son pequeños laboratorios amorosos del futuro: algunos experimentos tendrán buenos resultados, y otros tendrán poco éxito.

De cualquier modo, juntos representan un intento para permitir variedad en las relaciones amorosas, ya que en un mundo tan cambiante sería dictatorial la pretensión de imponer un único modelo –matrimonial, heterosexual y monógamo– para todos los seres humanos. Hemos de encontrar diversas formas de experimentar y vivir el amor y la pareja. Con estas propuestas iniciamos el cambio, y cada vez más parejas en busca de mantenerse unidas acordarán contratos de libertad sexual responsable.

Tal vez la promesa de «serte fiel hasta que la muerte nos separe» migrará al «siempre contigo, pero en libertad». Está caducando la época de las limitaciones para dar comienzo a la de la apertura y las negociaciones.

CAPÍTULO 11

SALIR DE LOS LUGARES COMUNES

Aquello estaba destinado al matrimonio, con poca suerte; aquello fue pavoneo estúpido; aquello, un complejo de culpa anticipado; aquello parecía señalado por los astros; aquello no podía salir bien; aquello era miedo; aquella era libertad; aquello era búsqueda y aquello y aquello. Búsqueda.

RAFAEL ARGULLOL

En este punto del recorrido podríamos decir que has leído lo suficiente sobre la infidelidad que desafía las creencias comunes y se aleja de los estándares con los que se valora este hecho. Aun así, valdría la pena seguir explorando perspectivas poco abordadas cuando de complejidades amorosas se trata. En general vivimos rodeados de mandatos, modelos y preceptos que alientan a una vida mejor, pero muchas veces se distancian de lo que realmente la vida demanda. No niego que la búsqueda de la verdad y la bondad sean ideales básicos para una existencia ética y para sostener un compromiso amoroso, pero también señalo que la vida humana está llena de contradicciones e imperfecciones que nos demandan ampliar la perspectiva de los eventos que nos suceden y de nuestro actuar ante los dilemas que enfrentamos.

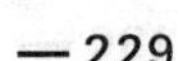

Por esto, y a falta de un capítulo puntual que amerite la descripción aislada de los siguientes planteamientos, describo algunas ideas que me parece importante considerar para entender, abordar, matizar y decidir en torno a la experiencia de la infidelidad y su manejo.

11.1. ¿ALGUNAS PERSONAS QUE SE AMAN SON INFIELES?

La vida no es blanco y negro; hay momentos en que nos invade el espejismo de tener certezas absolutas, pero muchas veces la realidad nos muestra lo contrario.

Toda pareja no es una pareja; curiosa paradoja, ¿verdad? Para que exista una realidad amorosa se requieren dos; pero cuando estos dos se encuentran, esta realidad ya no solo es dual (sin que esto implique la inclusión física de un tercero), sino que es el núcleo de una realidad humana más amplia. Siempre hay otros en cualquier relación de dos, porque siempre hay muchas realidades de relación y de deseo que también fueron, que hubieran podido ser o que podrían ser en el futuro.

Generalmente resolvemos esta complejidad al monopolizar el sexo con la pareja y generar acuerdos que alejen la tentación, impidan encuentros sexuales con otras personas y afirmen que la exclusividad sexual es la esencia del amor. He narrado cómo esto se ha ido manejando a lo largo de la historia con mayor permisividad para los hombres, dadas las prerrogativas patriarcales, pero actualmente –en una época en la que se ha relativizado la moral, se ha trabajado por la construcción de relaciones igualitarias, se ha fomentado la hiperconexión y han surgido otros fenómenos de la «sociedad-red» en que vivimos– esta realidad ha permeado con mayor fluidez al interior de la pareja y se manifiesta más al alcance de los cónyuges.

Así, es casi imposible negar que todos integremos terceros a nuestras vidas, en la fantasía, en la virtualidad o en la realidad, erótica o afectivamente, incluso compartiendo el amor. He tenido varios consultantes que se enfrentan a este dilema y aman genuinamente a su pareja base a la vez que batallan con la cercanía de un tercero como parte de su deseo y de su autoafirmación. Algunos han establecido relaciones paralelas acordadas, otros se permiten cada tanto una aventura ocasional. La mayoría coincide en la contradicción interna y en la certeza de que no quieren terminar con su relación base, e incluso en que la infidelidad les ha permitido confirmar que lo que han construido con su pareja es bueno, que vale la pena cultivarlo, y que el corazón tiene diversos compartimentos que pueden, con cierta dificultad, no competir entre sí.

Desde luego, existen infidelidades sin amor, y quizá sería «ideal» vivir en una monogamia eterna, dados los valores dominantes, pero no somos modélicos, y con frecuencia coinciden las circunstancias y las necesidades que impulsan a vivir experiencias extraconyugales.

La antropóloga Hellen Fisher afirma que nuestra estructura psicobiológica puede hacernos sentir deseo y atracción por alguien, enamorarnos de otro y apegarnos amorosamente a otra persona. El corazón da para muchos. Ambas premisas son reales... es difícil que la infidelidad sistemática se produzca entre parejas estables que viven en amor. La infidelidad esporádica situacional sí puede producirse, aun cuando la persona esté vinculada a una relación de amor. Podríamos afirmar que «Dentro del vínculo del amor, constituido en pareja estable, puede producirse el fenómeno de la infidelidad esporádica situacional sin que ello suponga, forzosamente, un deterioro de la intensidad del sentimiento amoroso». Muchas personas, sin dejar de amar a su pareja, pueden mantener relaciones sexuales alternativas. Aunque la tesis pueda levantar polémica, me permito defenderla, sin que esto signifique que sea general o predominante.

11.2. EL DERECHO A LA PRIVACIDAD

¿Siempre es desleal ocultar algo a la pareja? Me parece que no. He mencionado que, antes de ser pareja, somos *individuos,* y que nuestra personalidad se manifiesta en un mundo público al que la mayoría de la gente tiene acceso: sabe quiénes somos, qué hacemos y pensamos. También interactuamos con un mundo o varios mundos privados, en los cuales develamos aspectos más o menos íntimos de nuestra vida y nuestro acontecer. Algunas personan acceden a esos espacios que en ocasiones se tocan y en otras tienen una distancia: pero no con todas las personas cercanas compartimos la misma información y vivencias.

Hay con quienes hablamos de finanzas, con quienes compartimos un pasatiempo o determinadas aficiones y a quienes confiamos nuestros miedos, sentimientos y secretos. Por último, tenemos un mundo íntimo que se da en nuestra mente y corazón, y que a veces es incomunicable, incompresible para nosotros mismos, por su complejidad y sus contradicciones. Así, en ocasiones ocultamos algo que corresponde a un mundo íntimo o privado, nos reservamos el compartirlo, y esto no excluye a nuestra pareja.

Se ha exaltado la trasparencia total como un valor supremo; sobre todo en el plano amoroso; pero además de los acuerdos posibles o imposibles que a veces hacemos con la pareja, necesitamos reservarnos ciertas experiencias, pensamientos e informaciones a menos que generen una franca desconexión con el ser amado, una mala disposición emocional hacia el otro, cuando necesitemos comprensión para aliviar un sufrimiento particular, o cuando interfieren francamente en la relación en que nos encontramos.

Esta ocultación no solo es inevitable, sino incluso necesaria. Hasta en las relaciones buenas y honestas, para experimentar sin riesgo sentimientos, ideas, deseos, sueños y fantasías que nos ayuden como persona a conocernos mejor y a tomar decisiones en la realidad sin tener que justificar nuestras contradicciones, explicar lo que nosotros mismos estamos en vías de procesar y de asimilar, como cambios de paradigma, pueden constituir una presión difícil de sostener.

Parte de nuestra maduración humana requiere, a través de este mundo interno, explorar nuestro universo de insatisfacciones, deseos, que puede o no tener relación con nuestra vida de pareja. Debe, por tanto, haber espacios, tiempos y pensamientos separados que nos permitan vivir realidades que solo a cada uno le conciernen. Lo contrario sería insoportable. ¿Puede imaginarse una pareja donde se compartan todas las actividades, que siempre estén juntos y no tengan secretos?

El problema no está en la existencia de otros deseos y realidades, sino en la amenaza que eso puede suponer para el mundo del otro y, en consecuencia, para la relación. Por ello hemos de tener en cuenta dos valores que existen de forma simultánea: privacidad y comunicación. Y que hay dos fidelidades: al amor y al deseo, ambas verdaderas e irrenunciables, porque una relación sin amor sería frívola, y, sin deseo, tediosa. Son dos registros diferentes.

Es imprescindible saber de qué manera lo que uno está viviendo forma parte o altera el pacto de relación, para, posteriormente, decidir sobre lo que debe hacer. Es una decisión difícil, que se presta al engaño, al autoengaño y a la hipocresía. En términos generales, seguramente debemos decir las cosas que están pasando cuando un deseo altera la relación amorosa.

Mantener cierta dosis de secreto tiene, además, una virtud: aumenta el deseo en una pareja. Si no sabemos todo del otro, si hay zonas oscuras, la curiosidad aumenta y, probablemente, también el deseo.

La verdad y la mentira suelen ser relativas. Uno de los grandes descubrimientos de Freud es que necesitamos formaciones de compromiso. Cualquier idea, cualquier funcionamiento psíquico, puede ser descrito como una formación de compromiso. Y es así en la medida en que toda nuestra vida es una mezcla de miedos, deseos, valores, intereses, ideología, cultura y necesidades; todos ellos parcialmente conscientes e inconscientes, y contradictorios entre sí (prueba de las múltiples posibilidades que tenemos).

Toda formación de compromiso nos defiende de la contradicción y del miedo, y nos proporciona simultáneamente cierto placer: nos permite ser y no ser al mismo tiempo. Establecemos equilibrios múltiples. Por un lado, entre el complejo conjunto de significados que producen los intereses, valores y deseos que surgen del devenir de cada uno de nosotros. Por otro, entre esos mismos significados personales y los que surgen de las exigencias de la relación amorosa. Y, como todos son importantes, se establece una formación de compromiso: algo que los dos miembros de una pareja pueden considerar suficiente.

La relación amorosa es, simultánea e inseparablemente, verdad y mentira, mucho y poco, todo y parte... Nuestra relación amorosa puede ser lo más importante de la vida y, sin embargo, ser en mayor o menor proporción de tiempo, secundaria frente a, por ejemplo, compromisos políticos, deseos de hacer una maestría, de pescar atunes en el pueblo de nuestra infancia o de estar en conexión con un amor que no pudo ser.

Somos un poliedro de razones y contrarrazones, de bien y de mal. Cualquier solución conlleva siempre riesgos, sospechas, pero es imposible prescindir de ellas.

11.3. ¿MENTIR O NO MENTIR?

La privacidad nos es tan necesaria que, cuando se impide sistemáticamente a una persona vivir en ella, se vuelve loca. Ser observado en todo tiempo y lugar es, literalmente, mortal.

La verdad es importante para vivir. Se trata de que haya una conformidad entre los actos, las palabras y el pensamiento. Todos necesitamos pensar que en el otro se da esa conformidad.

La sinceridad es una virtud que se sitúa entre dos polos peligrosos: la crueldad y el engaño. Ambos destruyen las relaciones humanas.

La presencia de la mentira en una relación amorosa tiene dos orígenes. Por un lado, la ambigüedad e imposibilidad general de la verdad. Por otro, la actitud de totalidad de la vida en pareja. Si vivimos encerrados en ella, la necesidad de la mentira irá creciendo e invadirá el vínculo, y, al final, el amor se topará con ella. Somos seres contradictorios: amamos y odiamos al mismo tiempo; todo amor encierra egoísmo; toda ternura, destrucción.

Una relación como la amorosa debe respetar que el otro sea un misterio; alguien que, a diferencia de un objeto, no podemos conocer del todo. Siempre hay espacios de pensamiento y acción que son íntimos y, por lo tanto, no son compartidos. Una pareja mantiene una relación complicada con la verdad, los secretos y las mentiras.

La relación amorosa ha de ser, ciertamente, sincera. Una relación mentirosa no podría ser amorosa, porque la mentira supone una prioridad narcisista incompatible con el amor. ¿Significa eso que debemos decir al otro todo acerca de todo? No, ni siquiera es posible. La verdad no es absoluta, sino relativa a la situación y realidad de cada uno de nosotros.

Es imposible vivir sin secretos. Una relación en la que el otro conociera o tuviera que conocer todos y cada uno de los aspectos del otro, donde no quedara un espacio para lo privado, escondido o secreto, sería totalmente insoportable. El mismo San Agustín afirma que, a veces, un estadio superior de la bondad supone no decir la verdad.

Conviene decir la verdad, siempre que con ello no faltemos a un valor más poderoso. Decir la verdad tampoco es un deber absoluto, sino un deber hacia las personas que tienen derecho a ella. Por lo general, no debemos decir una verdad que perjudique a un tercero, sino aceptar que es necesario mentir en algunas ocasiones: para proteger a una persona, para no causar un daño innecesario, para no dar información a quien la usará mal o para ser discreto.

La verdad y la mentira son tan resbaladizas que es posible que el amor o la sinceridad se construyan sobre cierto ocultamiento. Las paradojas de la existencia humana nos llevan a observar que, en determinadas circunstancias, para salvar a quien se ama, o para salvarse a sí mismo como pieza fundamental de la relación, la ocultación o la mentira –siempre y cuando no haya o no se vislumbre un camino mejor para manejar la situación– son una opción razonable. En esos casos, una mentira puede ser aceptable para mantener lo importante; esto es, para mantener la fidelidad a una relación amorosa y comprometida.

Las mentiras suelen deteriorar la confianza y cualquier relación que no tiene un grado básico de confianza no logrará subsistir. La mentira constante, manipuladora, agresiva, es símbolo de abuso, de uso del otro, de inmadurez; hay expertos mentirosos que logran envolver a sus víctimas. La honestidad es un valor fundamental, un requisito sin el cual cualquier encuentro, acuerdo, amistad o amor, tarde o temprano se desmorona.

Sin embargo, también existe la posibilidad de «abusar de la verdad», de usarla de manera inoportuna y exagerada: ¿realmente el otro necesita saber todo de mí y yo todo de él? ¿Para que una relación sea buena se requiere de una apertura total? ¿Será factible que cierto ocultamiento facilite la convivencia y preserve la individualidad?

Pretender vivir en la verdad absoluta es no solo imposible, sino lastimoso, particularmente en las relaciones amorosas.

Los seres humanos tenemos un mundo público que incluye información que damos a conocer a todos: en dónde trabajamos, a qué familia pertenecemos y nuestro estilo de vida en general. También tenemos un mundo privado: este lo abrimos solo a la gente cercana con quien compartimos parte de nuestra intimidad; ahí entran nuestros temores, algunos deseos e intereses, necesidades importantes, experiencias vividas y valores que nos mueven. Y parte de este mundo privado puede compartirse con algunos sí y con otros no. Pero, además de estos dos mundos, el público y el privado, las personas poseemos un mundo íntimo que se juega en la profundidad de nuestro ser: ciertas fantasías, pensamientos y sensaciones; diversos sueños, temores, anhelos. Todos estos habitan en el silencio de nuestro interior y crean un mundo complejo y contradictorio dentro de nosotros mismos.

Pero ¿qué hay de la mentira ocasional? ¿Esa que se usa esporádicamente y que no daña a nadie? No existe ningún argumento que niegue que cierto tipo de mentiras facilita la convivencia y permite que las relaciones se den en un ambiente de armonía.

Una persona que nunca pudiera mentir quedaría marginada en poquísimo tiempo; por contradictorio que parezca, en algunos casos puede resultar lícito, maduro y hasta adecuado decir una mentira. ¿Cómo no confundir el autoengaño y un oportuno ocultamiento de una verdad inconveniente?

A continuación, veremos algunos síntomas internos que permiten saber si una mentira es oportuna y constructiva o si se usa por enojo, conveniencia o descuido:

- Si las mentiras son pocas y decirlas produce una sensación interna de paz por haber hecho lo correcto, seguramente es una mentira buena.
- A esto hay que sumar que, al mentir, se ha de asumir que en caso necesario se puede hacer frente a las consecuencias de la verdad que se pretende ocultar y, aun así, se elige utilizar la mentira.
- El uso esporádico de la mentira ha de permitir experimentar otra conducta más congruente, íntegra y segura, no volverse un farsante que quiere esconder quién es y lo que hace.

Podemos considerar buena la mentira que surge de la parte madura de quien la dice y genera más beneficios al que la recibe que a quien la dice. Mentir oportuna y adecuadamente pretende cuidar al otro, o a la relación; de lo contrario, estaríamos hablando de una mentira en defensa propia, lo cual es comprensible cuando se sabe que el acto realizado pone en peligro la integridad personal.

Para elegir entre una mentira que evita un sufrimiento innecesario y una verdad que lo genera, habrá que reflexionar en conciencia para después decidir. En cualquier circunstancia, cabe afirmar que las personas maduras mienten poco, lo hacen bien y les da buenos resultados. Por su parte, las personas inmaduras mienten mucho, lastiman a los demás y tienen malos resultados.

11.4. EL MUNDO ÍNTIMO VERSUS EL ESPACIO PRIVADO

El mundo privado no siempre se puede compartir, y el mundo íntimo es incomunicable. ¿Has intentado alguna vez ponerlo en palabras? ¿Has experimentado la confusión y el malestar que crea abrirlo en un espacio privado intentando ser honesto? Transferir al mundo privado lo que pertenece a tu mundo íntimo lo distorsiona, pierde su sentido original; crea confusión y malestar.

Todos tenemos derecho a preservar un mundo íntimo para nosotros mismos: en él cuestionamos, soñamos y construimos nuestro ser. A veces ni siquiera nosotros podemos descifrarlo y entenderlo, menos aún compartirlo. Querer ponerlo en palabras y transmitirlo al otro no solo es difícil, sino arriesgado; es sano y necesario conservarlo como algo propio e interno. A veces la necesidad de compartir el mundo íntimo o parte del mundo privado tiene que ver con una necesidad de ser honesto, pero también puede deberse a que no es fácil contener lo complejo de su naturaleza contradictoria. Antes que abrir con el cónyuge esta contradicción que correlaciona el mundo de los deseos, el sexo y el amor, si es tu caso, considera la posibilidad de abrirlo con alguien confiable que pueda escucharte. Cuestiona la posibilidad de valorar con quién abrirte y para qué. Parte de la madurez pasa por aprender a manejarnos con cierto grado de incertidumbre y ambivalencia.

Si esto no es suficiente, un espacio terapéutico puede facilitar el trabajo de estos contenidos. Nadie está obligado a abrirse del todo, no podemos presionar a nadie para que nos devele la totalidad de su mundo íntimo y privado.

Hay temas que sí se pueden comunicar y que además queremos compartir con alguien más. Sin embargo, no toda persona es digna de saber ciertos asuntos.

Muchas veces, quienes demandan de manera insistente que se les diga alguna verdad, por íntima que sea, una vez que la tienen en sus manos, no saben qué hacer con ella. Y no me refiero con esto al caso de una mentira descubierta que, a modo de reparación, se requiere explicar –como podría ser una evidente infidelidad que hay que afrontar–, sino a ciertos temas y dilemas que no cualquiera podría entender ni manejar.

Para ser digno de confianza hay que dar muestras de juicio crítico, discreción y una madurez básica. Una verdad, por poderosa que sea, en manos de alguien que no sepa qué hacer con ella, generará un desastre. Hay personas que no están preparadas para conocer ciertas verdades: unos por inmaduros, otros por neuróticos, algunos por abusivos.

Hay quienes no solo no son merecedores de conocerlas, sino que dan señales de que prefieren ignorarlas. Sin abusar de este argumento como pretexto para no compartir algún tema o problema, es importante que, antes de abrirnos, evaluemos si el depositario de nuestra verdad sabrá qué hacer con lo que vamos a develarle. Todos hemos experimentado desazón por habernos precipitado a compartir un pensamiento o una opinión con malos resultados.

11.5. EFECTOS DE LA INFIDELIDAD SEGÚN EL TIPO DE CARÁCTER

En general el que cometió la infidelidad no lo ha hecho con intenciones de herir directamente a su pareja. Es muy difícil que la persona engañada entienda esto, pero se hace más por deseos personales que con el objetivo de perjudicar al engañado(a), aunque el efecto indirecto sea obviamente ese.

Las rupturas después de la infidelidad pueden dejar secuelas psicológicas importantes, principalmente en los engañados, y dependiendo de cómo sea su personalidad podrán superar o no esa situación. También influirán factores como quién tome la decisión de terminar con la relación, qué sentían por su pareja y las ganas que cada uno tenga de separarse.

- *Las personas dependientes* pensarán que no pueden seguir adelante sin su pareja, se sentirán defraudadas, pero preferirán seguir con ella a quedarse solas, ya que les cuesta aceptar la separación a pesar de las infidelidades. Difícilmente serán ellos los que tomen la iniciativa de terminar con la relación y solo lo harán cuando los engaños sean muy groseros o humillantes.
- *Las personas muy orgullosas o narcisistas* que sean engañadas ocultarán su dolor rápidamente y les resultará muy difícil entender cómo pudieron engañarlas o cómo no se habían dado cuenta antes de las infidelidades de su pareja. Estas personas tienden a ser muy autosuficientes y suelen tomar una actitud de superación rápida o justificar, diciendo que en realidad están mejor así que con alguien que les era infiel. Si bien esto puede ser cierto, suelen engañarse en cuanto a lo que sienten, ya que su ego no les permite sentir ni expresar la tristeza que suele acompañar una separación debida a una infidelidad.

- ***Las personas con un estilo de personalidad depresivo*** o baja autoestima tenderán a culparse de sus fallas y creerán que se merecían que las engañaran o que ellas podrían haber hecho algo distinto para que las otras personas no hubieran cometido la infidelidad.
- ***Las personas tímidas o introvertidas*** sentirán que les costará mucho rehacer su vida y que no podrán encontrar a otra persona como su anterior pareja; temen por su futuro y suelen sentir que no tienen las habilidades para construir una nueva relación.
- ***Las personas que engañaron*** suelen experimentar las rupturas de diversas maneras, ya sea que estuvieran o no de acuerdo con la separación. En los casos en donde no estuvieron de acuerdo en separarse, pero su pareja tomó la decisión y cortaron la relación, pueden darse reacciones de querer reconquistar a su anterior pareja, haciendo todo lo posible para recuperar el vínculo, la confianza y el amor perdido.

Otras personas que en realidad ya tienen un vínculo establecido con su *affaire*, pueden ver la ruptura de la relación legal como un alivio y encontrar nuevas fuerzas frente a la posibilidad de probar si la nueva relación progresa, ya no en situación de amantes, sino en condición de pareja.

En otros casos esta ruptura se puede vivir con temor; este es el caso cuando la persona engañada al descubrir la infidelidad de su pareja decide cortar la relación, pero el infiel no tenía decidido separarse y no esperaba ese desenlace. En esos casos el amante puede suponer que llegó su turno, pero esto puede ser muy atemorizador para el infiel, ya que quizá no tenga ganas de empezar una relación formal con su *affaire*.

11.6. CURIOSIDADES SOBRE LA INFIDELIDAD

Existen realidades menos evidentes sobre la infidelidad que merecen ser destacadas, porque a simple vista pueden parecer un tanto insólitas. Antoni Bolinches en su libro *Amor al segundo intento* nos comparte estas reflexiones al respecto:

- ***Las mujeres más maduras son las más fieles y las más infieles.*** En este aspecto influye la edad, pues para madurar se requieren múltiples vivencias. Algunas llegan con los años y otras son consecuencia de la asimilación de las primeras. Por tanto, no hay que confundir la cantidad de vida con la calidad de la experiencia. La madurez sería la asimilación positiva de las experiencias negativas de la vida, y de aquí surge la afirmación de que las mujeres maduras son las menos y las más infieles. Son las más fieles porque son más coherentes con sus principios y más consecuentes con sus compromisos, lo cual, en relación con la pareja, supone la aceptación de la fidelidad. Pero, en virtud de este mismo razonamiento, cierto porcentaje de mujeres decide que en determinada situación recurrir a la infidelidad no va contra sus principios ni contra su coherencia. Es el caso de quienes se sienten abandonadas emocionalmente o que practican la infidelidad reactiva; permitirse la infidelidad es la manera de responder adaptativamente a su realidad y asumen lo que hacen como un ejercicio de expresión de su libertad de acción. Así, la madurez hace que, de acuerdo con su lógica, y a pesar de los riesgos que conocen como mujeres, la consideran una opción aceptable y deciden practicarla sin inhibirse por cuestiones de género. Las mujeres suelen ser más coherentes que los hombres, tanto a la hora de restringir sus infidelidades, como de permitírselas. Los hombres, a medida que maduran, tienden a ser más fieles.

- *Las peores personas son más fácilmente perdonadas.* Consideramos «peores personas» a las que cometen más infidelidades, con menos comedimiento y sin importarles el perjuicio que producen en su pareja y familia; son personas con perfil de personalidad narcisista-egocéntrica, lo que les permite concederse cuantas licencias consideran oportunas para satisfacer sus necesidades sin experimentar ningún sentimiento de culpa, porque eligen a parejas inmaduras, con las que establecen vínculos de dominancia-sumisión, y gracias a ello consiguen que su mal comportamiento sea tolerado. En tanto que el «malo» domina al «bueno», es perdonado por él. Y debido al sexismo, quien generalmente ejerce de malo/perdonado es el hombre, y quien concede el perdón es la mujer dominada. La variante femenina, si bien existe, es menos frecuente.
- *Las mejores personas cometen las infidelidades más graves.* Hagamos la siguiente distinción: las personas «buenas» tienden a prevenir y rectificar los malos comportamientos, mientras que las «malas» carecen de capacidad de autocrítica. Las buenas personas tienden a ser mejores cada vez que se critican y las malas tienden a ser peores porque no se critican. En las relaciones de pareja generalmente el malo somete y el bueno es sometido; pero a la vez, esa misma situación de injusticia hace que el sometido quiera menos a quien le somete y acabe cansándose de él, mientras que quien somete necesita cada vez más al sometido, porque se aprovecha de su bondad. La consecuencia es que el bueno-dominado alcance la madurez para abandonar al malo-dominador. Partiendo de esto decimos que las mejores personas cometen las infidelidades más graves porque son más dolorosas: primero, porque su bondad hace que la ofensa sea más lesiva. Segundo, porque al ser más restrictivas con la infidelidad, es probable que,

cuando se produzca medie un enamoramiento previo, la haga especialmente peligrosa para la estabilidad de la pareja. En cambio, las malas personas son más calculadoras y actúan con mayor premeditación, lo cual las lleva a consumar sus infidelidades de forma más inocua y en ámbitos alejados de la pareja, aunque la intención no suele ser preservar la estabilidad del vínculo, sino asegurar la inmunidad para disfrutar de una doble vida. Así, las buenas personas son más fieles, pero sus infidelidades afectan más. Y las malas personas son más infieles, pero sus infidelidades afectan menos.

CAPÍTULO 12

PARA CERRAR

No existe un tema que provoque más miedo, chisme y fascinación en el ámbito de las parejas que el adulterio.

ESTHER PEREL

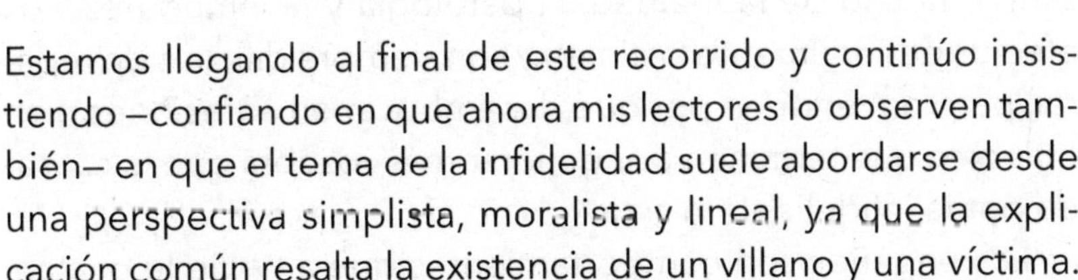

Estamos llegando al final de este recorrido y continúo insistiendo –confiando en que ahora mis lectores lo observen también– en que el tema de la infidelidad suele abordarse desde una perspectiva simplista, moralista y lineal, ya que la explicación común resalta la existencia de un villano y una víctima.

He señalado a lo largo del libro que dicha explicación se sostiene en una visión moralista del bien y el mal, y en parámetros puritanos donde lo que predomina es un sesgo hacia lo vulgar, lo sucio, lo animal y lo despreciable de la sexualidad humana. Quiero confiar en que, a estas alturas del camino, se pudo asimilar información que no solo haya ampliado la perspectiva rígida, reducida y simplona con que generalmente se aborda el tema, sino que también haya generado pequeñas diferencias en su vida; concretamente, en el manejo de su propio deseo y de sus dilemas en los terrenos del sexo, del erotismo y del amor.

No me canso de decir que somos seres contradictorios, ambivalentes, y en un sentido incongruentes, en particular en el tema del amor: queremos lo uno y lo otro a la vez. Pero este libro pretende que mis lectores se animen –con responsabilidad y sin tanto miedo– a reconocerlo, acogerlo y manejarlo. Esto no quiere decir que, con la justificación de que «el deseo no se casa con nadie», nos demos el permiso de romper, a cualquier costo, acuerdos que se tienen en pareja, pero sí que se entienda que la monogamia no es parte estructural de la naturaleza del ser humano y que la decisión, implícita o explícita, de vivir una exclusividad sexual en su vida de pareja es un acuerdo, una decisión, la tarea de construir vínculos sólidos en esquemas variables, y la posibilidad de entender los resbalones como oportunidades de crecimiento y no como imperativos de separación y rompimiento.

Es innegable –más aún en una sociedad patriarcal– que la infidelidad muchas veces va de la mano de conductas de abuso, maltrato, negligencia, venganza y desinterés; aunque, en muchas otras ocasiones, incluye muchos más factores que el simple hecho de la maldad, la patología y la inmadurez. Los efectos generalmente lastiman y son siempre difíciles de reparar, pero no tendrían por qué desembocar en agresiones o en quiebres que terminen por generar más zozobra que la causada por la infidelidad misma.

Los engaños son comportamientos que a nadie le gustan, pero la infidelidad es humana, de hecho –diría yo– demasiado humana.

¿Será que tras esta comprensión se podría atravesar una crisis de infidelidad de manera menos destructiva y traumática, y a la vez asumir más conciencia y responsabilidad sobre nuestras decisiones al respecto?

Muy pocas conductas, como lo es la infidelidad, son tan universalmente condenadas, al tiempo que son tan practicadas. La infidelidad siempre ha sido perturbadora, pero no siempre ha tenido los matices de trauma y catástrofe con los que se le aborda hoy: pasar del caos y dolor del descubrimiento a afirmar que «toda nuestra vida ha sido una mentira» encierra un desconocimiento profundo de lo intrincado de las geografías del amor.

El amor busca la permanencia, nadie inicia una relación esperando que termine. Todos, cuando amamos –con mayor o menor grado de realismo–, pretendemos durar, y para facilitar que esto ocurra hemos de entender la complejidad de la vida en pareja y pactar las imperfecciones que estamos dispuestos a tolerar.

Este libro no es un tratado *contra* la monogamia, ni un intento de convencer a nadie de que en la vida conyugal lo extraconyugal es usual. Solo he tratado de que estas páginas abran los ojos para valorar que cada persona, cada pareja, cada familia, puede desear y necesitar nuevas formas de vivir su compromiso y su amor. Además, la monogamia hipotéticamente podría no ser parte de la naturaleza humana, pero las conductas transgresoras sí lo son: alguien que se sobreadapta a los mandatos sociales, que jamás los cuestiona y se dedica a obedecer difícilmente integrará valores y principios propios, y jamás alcanzará una madurez y autonomía humana integrales.

Por eso, la infidelidad tiene que ver con el sexo y con quién es la otra persona, y mucho más con retomar la experiencia de estar vivos y explorar, experimentar y crecer.

Ser infiel también da cuenta de un egoísmo que pone de manifiesto las propias necesidades, sueños y valores que pueden verse opacados en relaciones de larga duración donde el paso del tiempo, la instalación de la rutina y las necesidades de la vida matrimonial imponen su premura. Quizá por eso, a veces, la infidelidad se relaciona menos con encontrarse con otra persona que con encontrar una nueva forma de ser uno mismo.

Lo que le funciona a una pareja puede no funcionarle a otra: hoy, como nunca, un solo modelo amoroso no es suficiente para satisfacer la multiplicidad de necesidades del ser humano, en particular en un mundo donde la diversidad de posibilidades de vida a nuestro alcance y la conciencia del derecho a una propia elección nos impulsan a escuchar nuestras necesidades y deseos, y a darles cabida en diversos escenarios; ¿y por qué no también en el territorio del amor?

De nada sirve comparar lo que se vive hoy con lo que vivían las generaciones que nos antecedieron: quizá nuestros ancestros se conformaban con matrimonios estables, experiencias cotidianas y un sexo soso. Nunca antes en la historia de la humanidad se había esperado que la vida privada fuera el lugar por excelencia para dar respuestas a todos los enigmas de la vida: las personas –¿quizás incluso dos generaciones antes que nosotros?– buscaban contención y sentido en la religión, en su comunidad, en sus familias extensas; la pareja no daba las respuestas a la soledad existencial inherente a la experiencia humana. Hoy sobrecargamos los vínculos erótico-amorosos con la expectativa de que nuestra pareja nos dé un sentido de pertenencia, un sentido de identidad, un sentido de propósito, y depositar tanto en una sola persona hace de la infidelidad una experiencia catastrófica.

Por esto, lejos de castigar, señalar y despreciar a quien atraviesa esta experiencia, hemos de cuestionar con curiosidad lo que le ha significado la infidelidad: qué tan hipnotizada está la persona por la experiencia, qué la impulsó a vivirla, qué esperaba –sanar, olvidad, descubrir– de ella, y por qué pensaba que obtendrían todo eso de un *affaire*. Adentrarnos en el mundo de la infidelidad nos permite conectarnos con los dilemas existenciales que se pretende resolver a través de los acuerdos de fidelidad con la pareja. De ahí la importancia de movernos de una mirada que traumatiza la experiencia y produce culpa, vergüenza y castigo –con el estigma del egoísmo, del defecto y de la falta de autocontrol– hacia una comprensión profunda de las motivaciones y circunstancias que la impulsan; esto es necesario para encontrar salidas a los retos que sobrecargan los espacios amorosos.

Hoy más que nunca buscamos vínculos sólidos y duraderos y nos quejamos de que estos están en vías de extinción, y que la primera causa de los rompimientos sean las infidelidades. Hemos de integrar este ir y venir de complejidades para hacer de la experiencia extraconyugal un mecanismo de crecimiento y comprensión, y no una necesaria ruptura de la relación.

Se puede pasar toda una vida de pareja buscando construir una relación monógama, sin que esta sea perfecta, y que en el camino se llegue a entrar y salir de experiencias extraconyugales, lo cual no es sinónimo de fracaso, ni de falta de compromiso o de amor. Hablar de esto, y más aún, vivirlo, puede parecer amenazante, pero también es una oportunidad para desafiar viejos paradigmas y trabajar las propias inseguridades, creencias y neurosis. Considerar incluso que una infidelidad puede aportar estabilidad cuando alguien –tras tener otros encuentros– ha probado, ha vivido, y vuelve, valora y cuida lo que en la relación primaria hay. Puede parecer irónico, pero una elección desde la convicción también es una fuente de garantía y seguridad.

Tomará tiempo integrar estas ideas, desmenuzar sus amenazas, incluso hablar de ellas sin considerarlas amorales, triviales o perversas. El sexo sigue siendo un tabú, y más aún el sexo extraconyugal. Pero ¿no es un peso sorprenderte vivir la monogamia desde el miedo, la culpa y la represión, con la convicción de que es por culpa de la pareja que no se puede ampliar la experiencia erótico-afectiva y con ella una personalidad en expansión?

Sorprende el cambio de tolerancia en muchos comportamientos que antes resultaban impensables –el sexo prematrimonial, las relaciones homosexuales, optar por la soltería, las familias sin hijos, las parejas que se casan a edad avanzada–, y con esta creciente apertura a nuevos modelos de convivencia, la resistencia a la infidelidad sigue siendo un campo minado. En una época de apertura y tolerancia, donde la mayoría acepta el amor en diversos envases, formas y tamaños, el adulterio es la única «indulgencia» que queda excluida. Habrá que seguir trabajando este tema si lo que realmente queremos es mantener relaciones que duren y que funcionen.

En un mundo de libertades sexuales, se sigue pensando que el deseo se puede domar, y que tras años de vivir un nomadismo sexual repentinamente se llegará a la Tierra prometida y se hallará a «la pareja idónea» por la cual nunca se tendrá necesidad ni deseo de buscar nada más fuera de la relación. Pero el nomadismo sexual no nos prepara para la exclusividad, porque el amor y el deseo no son lo mismo.

12.1. UN BUEN AMOR, PASO A PASO

El amor nace de nada y muere de todo.

JEAN-BAPTISTE ALPHONSE KARR

El amor existe, de eso no hay duda, y si bien no podemos pensar que existan amores perfectos que satisfagan todas nuestras necesidades y colmen todos nuestros deseos, tampoco hemos de claudicar a la aspiración de vivir amores suficientemente buenos. Estos buenos amores derivan de la responsabilidad del propio crecimiento, de asumirnos por completo con nuestras carencias y limitaciones, de responder por los propios actos, palabras y pensamientos. Acompañan la vida e invitan al disfrute, así como a la construcción de una personalidad y un mundo mejores.

Un buen amor no puede brincarse el primer escalón: el del autoconocimiento. Reflexionar quiénes somos, cuáles son nuestras prioridades en la vida, qué podemos dar y qué no, qué estamos dispuesto a negociar y qué no.

Un segundo paso sería integrar la imposibilidad de conocer del todo al otro. Si bien el tiempo y la convivencia revelan mucho de lo que la pareja es, el otro es siempre un sujeto inagotable. El autoengaño de creer que «yo sé todo de él (ella)» imposibilita la curiosidad que requiere el descubrimiento amoroso y limita la mutua exploración.

Una tercera condición es aceptar las diferencias irreductibles entre los amantes, esto libera de la tentación de querer cambiar al otro o de tratar de complacerle siempre; ambas actitudes son imposibles de lograr y resultan nocivas para la preservación de un buen amor. Ya lo dice Comte-Sponville: «Te quiero como eres. Tal vez no respondes a lo que yo esperaba, pero prefiero tu realidad a mis sueños». La relación amorosa implica un intercambio de intereses, deseos y placeres, incluyendo lo erótico.

Por último, y también muy importante, hay que considerar el paso del tiempo: un amor sólido se cuece a fuego lento, el tiempo transforma el enamoramiento en amor, y la pasión fugaz en un erotismo sostenido. El tiempo hace posible sembrar, germinar y cosechar actitudes, sentimientos, recuerdos y proyectos. No sobra decir que el amor que merece la pena se da entre iguales; la simetría en el tema del poder permite el cuestionamiento mutuo, la confrontación madura, la complementación esperada y el enriquecimiento de ambas partes.

Un buen amor se reconoce, más que por sus características o cualidades, por los efectos que produce en los amantes.

12.2. ¿CÓMO SE MANIFIESTA UN BUEN AMOR?

- *Paz y tranquilidad que se experimenta en compañía.* Los amores, si bien no son fáciles, sí han de facilitar la vida y dar serenidad. Una relación amorosa que da apoyo, colabora en la solución de los problemas propios de la cotidianidad, y tiene la capacidad de hacer la existencia más plácida, más libre, más segura y menos inquietante, contiene los elementos de un buen amor.
- *Un buen amor abre puertas.* El intercambio de ideas, proyectos, pensamientos y prácticas favorece y enriquece los proyectos vitales de ambos amantes. En una relación amorosa las opciones de vida aumentan: lo que eran

posibilidades –en la compañía de la pareja– se puede transformar en realidades que no se habían pensado, o que no eran factibles. Un amor que limita y constriñe las opciones de vida no es amor; un buen amor impulsa la propia expansión, el logro de sueños y la construcción de un proyecto vital. De hecho, la presencia del otro facilita la conquista de la libertad personal.

- *Un amor suficientemente bueno habita en la ternura.* Transforma la agresión que todo ser humano tiene en muestras dulces de cariño y atención. Las relaciones amorosas construyen, pero también pueden destruir: los seres humanos seguimos siendo muy primitivos. En cierto modo somos predadores en busca de la propia supervivencia. La ternura es una muestra de que alguien, pudiendo ser destructor, acepta al otro y valida sus necesidades y su proyecto, y es capaz de transformar la propia energía agresiva en símbolos de amor.
- *El amor que vale la pena aporta madurez.* Entendemos la madurez como la capacidad de ser independientes del medio y de gestionar la obtención eficaz de nuestros deseos. El amor facilita la conquista de cinco aspectos que la caracterizan: la capacidad de armonizar la acción con la reflexión, la autocrítica, la comprensión, la tolerancia a la frustración y la resistencia al sufrimiento.
- *Un amor auténtico genera placer.* No solo placer sexual, sino placer de todo tipo. El amor se da en el goce, en el juego, en el disfrute. El placer físico y emocional que proporciona un buen amor es un vehículo privilegiado para crear y consolidar el vínculo de pareja.
- *Un buen amor nos dejará algo insatisfechos.* La totalidad del amor, la incondicionalidad, el absoluto, no es propio del amor adulto, sino de un amor infantil. No se puede lograr la satisfacción total en el amor –ni en casi nada–, pues somos seres contradictorios, cambiantes e imperfectos. El intento de lograr amores totales deviene

relaciones regidas por la dependencia, la fusión, la posesión y algún tipo de violencia.

- *Un amor suficientemente bueno impulsa a transgredir.* El amor es algo antisocial (a diferencia del matrimonio): es secreto, privado, raro, con acciones incontables –quizá desafiantes y hasta vergonzosas–, alejado de muchos, apartado de la familia. Es curioso ver cómo por amor se anulan clases sociales, edades, nacionalidades y credos religiosos. El buen amor es poco obediente del «deber ser»: no se somete a un esquema tradicional si este no le funciona.

Dentro de la imperfección del amor, estas premisas dan cuenta de un flujo amoroso que nutre y da vida. Aun así, cada persona valorará de forma diferente la importancia de cada una de ellas y apreciará si lo que vive es amor, si lo que da es amor, si se siente amado.

12.3. EL PAPEL DE LA SEDUCCIÓN

Si hemos llegado al territorio del amor, querremos mantenernos en él. No es extraño, ante la incertidumbre de la permanencia amorosa y en particular tras la experiencia de una infidelidad, usar estrategias inadecuadas para mantener la relación.

El miedo de perder a la persona amada puede impulsarnos a poseerla como si fuera un objeto de nuestra propiedad: esto no solo es imposible –cuanto más, podremos someter, esclavizar, o controlar a nuestra pareja y así destruir el amor–, sino que apuntala una fantasía de seguridad reforzada desde la obediencia y el temor.

Mientras más pretendemos cuidar a nuestra pareja, más tememos perderla y más vulnerables nos sentimos. Además, nadie se enamora, se conecta ni se sostiene en una relación amorosa bajo el control y la posesión: la dependencia, el miedo, incluso una especie de fusión, pueden hacer que la relación perdure, pero la cualidad está en deterioro y lo que se proyecta es su futura extinción. ¿Quién querría que estén a su lado en estas condiciones: miedo, lástima u obligación? ¿Cómo puede uno librarse de estos controles que resultan dañinos para la permanencia de un buen amor?

Los buenos amantes no nacen: se hacen, y para ello pocas herramientas dan mayor sensación de seguridad personal como saber seducir de a poco y constantemente al ser amado. Al hablar de seducción no nos referimos a la capacidad de llevarnos a alguien a la cama, lo cual puede ser más o menos fácil, sino al recurso creativo y profundamente humano que favorece la creación y conservación de vínculos significativos y amorosos.

A través de la seducción integrada como práctica cotidiana se puede favorecer que la persona que amamos se interese en mirarnos, le resultemos atractivos y decida volver a elegirnos y permanecer con nosotros.

A los objetos se les posee, a los sujetos se les seduce: solo la seducción es específicamente humana; todo lo contrario de las conductas de control, hipervigilancia, sobreprotección, reclamo y chantaje que buscan con desespero retener al amado a través del dominio que desemboca en lo contrario: hostigamiento, enojo, desencanto y alejamiento.

¿Pero de qué se trata seducir en el sentido amplio de la palabra? Seducir es lograr que el otro se fije en mí, que se interese por mí, y que de diversas maneras se vincule conmigo. Seduciendo logro introducirme en la vida del otro y formar parte tanto de su memoria como de sus futuros deseos.

Seducir no es excitar, manipular ni engañar, menos aún presionar. Una persona que es verdaderamente seductora cree en la importancia de la palabra, del atractivo personal, del intercambio con el otro, del deseo y del placer; el auténtico seductor nunca deja de ver al otro como un ser humano integral, y no como un objeto de consumo para su uso y abuso personal.

Por eso hemos de entender que la seducción es relacional y conlleva la capacidad de disfrutarse a uno mismo y de ofrecerse al otro para ser disfrutado: un seductor pone en juego el conjunto de su personalidad, se ofrece a sí mismo como objeto de vinculación personal y erótica en un satisfactorio intercambio con el otro. Supone también poder gozar del otro sin pretender cambiarlo, y es en ese proceso de intercambio donde se establece un vínculo de mutualidad. La seducción quiere crear vínculos de diversos niveles: la intención de la persona seductora es estar presente en la vida del otro y pertenecer a su cotidianidad, a su pensamiento, a su deseo, a su emocionalidad.

Podemos hablar de estilos de seducción diferentes en función de la personalidad de quien está seduciendo, o más exactamente, de las personalidades implicadas en el juego seductor. Si bien seducir es un arte que no siempre es fácil de practicar, se puede aprender. La seducción pretende generar deseo, y el deseo no depende de pócimas, se puede crear. Seducir y ser seducido exige estrategias particulares. Veamos algunas de ellas:

12.4. ALGUNAS ESTRATEGIAS DE SEDUCCIÓN

1. *No intentes modificar al otro, y menos aún controlarlo.* El otro es un sujeto único, y hay que tratarlo como tal; no es un mero objeto ante el cual te vas a exhibir o pavonear.
2. *La seducción es interactiva; es decir, es un intercambio.* El otro ha de ser invitado a participar en la acción seductora. Al seducir, debes integrar al otro en una conversación, en una acción. Seducir no es dar cátedra.
3. *Poner límites al otro también genera atracción.* Al seducir no he de patinarme por el ser amado. Por el contrario, he de expresar cierta oposición, plantearle una distancia crítica. Los límites invitan a explorar, a ir más allá, estimulan.

Ser totalmente permisivo o tolerante nos hace dejar de ser deseables.

4. *La conducta seductora ha de generar intimidad.* Para ser creíble y despertar interés hay que jugar a mostrar algo de uno mismo. Un cierto intercambio de debilidades, un mostrarse sin excesos para hacer el intercambio estimulante y significativo. De lo contrario, estaríamos en un juego frío y poco apasionado. Si reina la impersonalidad y la frialdad, lo mismo daría estar en una cena de negocios que en una velada romántica.
5. *La actitud de víctima mata la seducción.* Las víctimas producen lástima e incluso enojo, pero no seducen. Si quieres seducir has de mostrarte responsable y activo frente a tu vida y tus circunstancias; has de manejarte como una persona que se define a cargo de lo que está ocurriendo.
6. *Lo aburrido tampoco resulta seductor.* Si bien el arte de seducir está en el territorio del juego, el juego seductor no puede ser irrelevante. Lo que comunico al otro ha de tener alguna relevancia; ha de ser interesante y de implicar algún riesgo.
7. *La acción del seductor vive en la alegría.* Crea y transmite placer, gozo y diversión. Una relación divertida hace a uno estar pendiente, concentrado en el otro.
8. *Tienes que ser capaz de generar estados emotivos de relativa intensidad.* La seducción ha de generar emociones suficientemente fuertes que hagan atractiva la interacción y resulten conmovedoras. Los sentidos son siempre canales para generar emociones: una música particular, la luz tenue de unas velas.
9. *Toda relación de seducción tiene que suponer un riesgo,* una incertidumbre para ambas personas. Nada hay menos atractivo que un triunfo seguro, un vínculo obtenido de antemano, sin ninguna duda. Cierto grado de incertidumbre o inestabilidad hace de la seducción un

juego estimulante. Decir todo, mostrar todo, asegurar todo, desmotiva pronto. Atreverse a enfrentar ciertos desafíos siempre aumenta el interés.

10. ***En la seducción, la apariencia física es fundamental.*** No se trata de ser una persona guapa o fea según los criterios convencionales, sino de cómo se sitúa uno en el mundo: vivirse de forma gozosa y creativa, cuidar la apariencia y agradarse a uno mismo para gustar.
11. ***La seducción tiene un matiz transgresor.*** Al seducir he de poder invitar al otro a vivir un mínimo de transgresión, de reto, de rebeldía, de algo inconveniente y, si se quiere, un tanto vergonzoso. Si eres extremadamente político y convencional, serás una persona correcta, pero no seductora.
12. ***La seducción requiere de cierta proximidad física.*** Atrévete a rozar al otro, a tocarlo levemente de forma no sexual (o quizá sí, dependiendo el caso). Un suave roce con la mano, con el pelo, permite mostrar que no se teme al contacto físico, sino que, por el contrario, se está abierto a él.

La imposibilidad de seducir o de ser seducido es una de las experiencias más invalidantes para cualquier ser humano. La seducción es una herramienta para saberse atractivo y creativo, para hacer de lado la inseguridad y generar agencia personal, y para vivir en el mundo de la atracción, del goce, del placer, en el mundo del amor.

Quizá toda estrategia amorosa se pueda canalizar a través de la seducción, particularmente el sostenimiento de un vínculo amoroso que, tras una experiencia de infidelidad, queda en un estado de fragilidad que propicia la necesidad de control y un reclamo que aniquila lo que de amoroso pudiera haber quedado tras la crisis.

12.5. DECÁLOGO AMOROSO

1. Mantén tu energía erótica: siéntete vivo, conectado contigo mismo, congráciate con tu propio cuerpo y tu sexualidad.
2. Construye un espacio de juego en pareja: de imaginación, de novedad, de disfrute, donde los dos puedan compartirse.
3. Si no tienes hijos, cuestiona si quieres tenerlos. El deseo se mantiene cuando se es más pareja que padres. Los hijos, por hermosos que sean, rompen necesariamente el enamoramiento.
4. Evita una relación fraternal: demasiada confianza, higiene compartida, rutinas de limpieza. Sentir que se está viviendo con un hermano o hermana mata el deseo.
5. Acepta las diferencias con tu pareja; eso te ayudará a entender que el otro es un misterio y que nunca lo conocerás del todo.
6. Crea una distancia necesaria, acordada y respetada para poder ver al otro en perspectiva, extrañarlo, desearlo. Una pareja debe contar con espacios propios; así cada persona mantendrá sus propias amistades, su propio mundo.
7. Construye proyectos personales de relevancia que te involucren de manera apasionada en una trayectoria personal. No hagas de tu pareja y del amor el único o principal proyecto de tu existencia.
8. Hazte responsable de tu vida: conoce, acepta y asume las consecuencias de tus propios actos. Es imposible hacerte responsable de la satisfacción de tu pareja, como tampoco ella puede hacerse cargo de ti.
9. Maneja cierta flexibilidad en los papeles familiares para evitar la rigidez. Esto requiere que exista cierta igualdad entre tu pareja y tú.

- Diseña una vida algo rara, diferente, caótica, transgresora. Vivan en los márgenes, pese a la crítica social. Habitar las zonas de la «normalidad» hace que la rutina te arrolle.

Si el amor no fuera como lo hemos descrito, entre nómada, despistado y vagabundo, no habría necesidad de escribir textos para entenderlo, de armar manuales para aplacarlo, de preparar antídotos para adormecerlo, ni de acudir a terapias, tarots o tónicos para evitar la infidelidad. Pero el amor es así, difícil de entender y escurridizo para domesticar.

No me parece banal ni grotesco, sino más bien inevitable, saber que una convivencia duradera puede implicar dejar entreabierta la posibilidad de que la infidelidad, el día menos esperado, visite nuestra casa, entendiendo que, a diferencia de las traiciones –que son inaceptables–, la extraconyugalidad puede ser manejable y negociable. Y si la negociación y el corazón no alcanzan, aparecerá la necesidad de comprender y aceptar, aun con dolor, que el amor tuvo un bello principio, pero quizás –y dolorosamente– está llegando a su fecha de caducidad.

Uno puede enamorarse
–sin demasiado esfuerzo–
varias veces al día [...].
Enamorarse no tiene
mayor mérito.
Lo realmente difícil
–no conozco
ningún caso–
es salir entero
de una historia de amor.

K. Iribarren

NOTA AL LECTOR

Si elegiste este libro, seguramente es porque la infidelidad se presentó en tu vida, en la vida de alguien cercano a ti, o porque temes enfrentarte a ella algún día. Espero que estas páginas hayan dado luz a tu entendimiento, paz a tu corazón y opciones a tu actuar.

Confío en que el contenido de este libro te haya sido útil para lograr alguno de estos objetivos:

- Redefinir la infidelidad, la cual, si bien es un evento doloroso, puede ocurrir en algún momento de la vida de pareja dada la dificultad de integrar las contradicciones entre el deseo y el amor.
- Romper mitos y creencias erróneas sobre el amor, la vida de pareja, la sexualidad, la monogamia y la exclusividad sexual.

- Iniciar las reflexiones necesarias para dar los pasos adecuados para atravesar una crisis derivada de una infidelidad.
- Aprender a distinguir las infidelidades que pueden permitir el crecimiento, de las infidelidades abusivas y tóxicas que no hay que tolerar.
- Ubicar tu posición dentro del triángulo amoroso y responsabilizarte de la forma en que abordarás la situación que estás viviendo.
- Identificar las creencias, patrones, impulsos, necesidades, tareas pendientes, historia de vida y malestares de pareja que te llevaron a cometer una infidelidad, o bien, que te impiden reflexionar con mayor serenidad sobre la infidelidad que atraviesas y responder a ella sin impulsividad.
- Conocer las características de un buen amor para discernir si lo que tienes con tu pareja vale la pena o, de no ser así, elegir el camino más oportuno y constructivo para ti.
- Encontrar cierta explicación y sosiego a la experiencia que estás atravesando.
- Reconocer si requieres ayuda de un especialista para continuar tu proceso personal o de pareja.

¡Un fuerte abrazo!

Si este texto te es de utilidad, consulta más contenidos en:

www.terediaz.com
Facebook: Tere Díaz Psicoterapeuta
Instagram: @terediazsendra
X: @tedisen
TikTok: _terediaz

O consulta Psicoterapia La Montaña

Facebook: Psicoterapia La Montaña
Instagram: @lamontana.mx
WhatsApp para agendar terapia: +52 5539206004
contacto@terediaz.com

AGRADECIMIENTOS

Aunque se oiga trillado, quiero dar «gracias a la vida, que me ha dado tanto...» y que me ha permitido explorar territorios inimaginables y transitar experiencias desafiantes y enriquecedoras, y, por supuesto, a todos aquellos que se cruzaron en mi camino y que, desde el deseo y la complicidad, me han acompañado en estas travesías.

Gracias, muy particularmente, a Laura Lecuona, quien me escogió para transitar esta *aventura*, pues siempre supo que echar a andar la escritura de este libro tenía pies y cabeza, contenido profundo, cuerpo suficiente y mucho corazón.

A tantos consultantes y alumnos que junto conmigo, y con el sudor de su frente, labraron la tierra que permitió esta cosecha.

A Gustavo, a Karina, a Ixchel y a todo el equipo de Planeta que fue haciendo realidad cada fase de este proyecto.

A mi padre, con quien hubiera sido imposible tocar estos temas, pero cuyo amor inmenso me ha permitido volar sin dejar de tener los pies en la tierra.

A mis hermanas adoradas, Maru, Pupi y Gaby, que son piezas claves, cada una distinta y todas necesarias, para armar el rompecabezas de mi vida.

A mi novia del alma, Adriana, por siempre –amorosa y solidariamente– acompañarme y saber estar.

A mis hijos amados, Berna, Ale, Diego y Ro, que me llevan la delantera en tantas cosas y, además de quererme bien y bonito, me han enseñado cosas de la vida que no conocía, y que, a estas alturas del partido, difícilmente podré vivir.

Y a PML, por ser hoy «mi amor, mi cómplice, y mi *casi* todo».

REFERENCIAS BIBLIOGRÁFICAS

Ábrego de León, Óscar (2009). *La revolución de las infieles.* México: Edamex, Colección Libros para todos.

Aguilar Camín, Héctor (2002). *Las mujeres de Adriano.* México: Alfaguara.

Ahrons, Constance (1994). *The Good Divorce.* Nueva York: Quill Ed.

Alberoni, Francesco (2006). *El erotismo.* Barcelona: Gedisa.

________ (2007). *Enamoramiento y amor.* Barcelona: Gedisa.

Álvarez-Gayou, Juan Luis y Paulina Millán (2010). *Te celo porque te quiero.* México: Grijalbo.

Barash, David P. y Judith Eve Lipton (2001). *The Mith of Monogamy. Fidelity and Infidelity in Animal and People.* Nueva York: Freeman and Company.

Bauman, Zygmunt (2007). Amor líquido. *Acerca de la fragilidad de los vínculos humanos.* México: Fondo de Cultura Económica.

Bech, Ulrich y Elisabeth Beck-Gernsheim (2001). *El normal caos del amor. Las nuevas formas de relación amorosa.* Barcelona: Paidós Ibérica.

Bleichmar, Silvia (2006). *Paradoja de la sexualidad masculina.* Barcelona: Paidós.

Boff, Leonardo (2006). *El águila y la gallina. Una metáfora de la condición humana.* Madrid: Trotta.

Bolinches, Antoni (2007). Amor a segundo intento. *Aprende a amar mejor.* México: Grijalbo.

________ (2010). Sexo sabio. *Cómo mantener el interés sexual en la pareja estable.* México: DeBolsillo.

________ (2011). Peter Pan puede crecer. *El viaje del hombre hacia su madurez.* México: Grijalbo.

Burín, Mabel (1990). El malestar de las mujeres. *La tranquilidad recetada.* Barcelona: Paidós Ibérica.

Campos, Jorge (2001). «Mitos y realidades en la Relación Hombre-Mujer», en *Revista Prometeo.* México.

Carter, Betty y Joan K. Peters (1996). *Love, Honor & Negotiate.* EUA: Pocket Books.

Castañeda, Marina (2007). *El machismo invisible regresa.* México: Taurus.

Díaz, Tere y Rafael Manrique (2012). *Celos. ¿Amar o poseer?* México: Trillas.

Díaz, Tere y Manuel Turrent (2013). *29 claves para encontrar pareja. Una guía para cerrar relaciones pasadas y elegir un buen amor.* México: Grijalbo.

________ (2018). Me quiero, no me quiero: *Cómo salir bien librado de una ruptura de pareja.* México: Paidós.

Etxebarria, Lucía (2017). *Más peligroso es no amar. Poliamor y otras formas de relación sexual y amorosa en la actualidad.* México: Aguilar.

Fisher, Helen E. (1992). *Anatomía del amor. Historia natural de la monogamia, el adulterio y el divorcio.* Barcelona: Anagrama.

Foster, Barbara *et al.* (1999). *Triángulos amorosos. El ménage à trois de la Antigüedad hasta nuestros días.* Barcelona: Paidós.

García Andrade, Adriana y Olga Sabido Ramos (coords.) (2014). *Cuerpo y afectividad en la sociedad contemporánea. Algunas rutas del amor y la experiencia sensible en las ciencias sociales.* México: Consejo Nacional de Ciencia y Tecnología (Conacyt); Universidad Autónoma Metropolitana (uam-Azcapotzalco). Colección Sociología, Serie Estudios.

Giddens, Anthony (2006). *La transformación de la intimidad: Sexualidad, amor y erotismo en las sociedades modernas.* Madrid: Cátedra.

Gottman, John M. y Joan De Claire (2001). *The Relationship Cure. A 5 Step Guide to Strengthening your Marriage, Family, and Friends.* EUA: Three Rivers Press.

Gottman, John M. y Nan Silver (2004). *Siete reglas de oro para vivir en pareja. Un estudio exhaustivo sobre las relaciones y la convivencia.* México: DeBolsillo.

Gracie X. Wide Open (2015). *My Adventures in Polyamory, Open Marriage and Loving on my Own Terms.* EUA: New Harbinger Publications, Inc.

Hakim, Catherine (2012). *Capital erótico. El poder de fascinar a los demás.* México: DeBolsillo.

Hirigoyen, Marie France (2007). *Las nuevas soledades.* Barcelona: Paidós.

Illouz, Eva (2007). Intimidades congeladas. *Las emociones en el capitalismo.* Buenos Aires; Madrid: Katz.

________ (2012). *Por qué duele el amor. Una explicación sociológica.* Buenos Aires; Madrid: Katz, Serie Ensayos.

Kipnis, Laura (2008). *Contra el amor.* México: Tumbona Ediciones.

Kirshendaum, Mira (1996). *Too Good to Leave, Too Bad to Stay.* EUA: Plume.

Linquist, Luann (2000). *Amantes secretos. Las aventuras amorosas existen, cómo convivir con ellas.* Barcelona: Paidós.

Lusterman, Don-David (1998). *Infidelity. A Survival Guide.* Oakland: New Harbinger Publications.

Manrique, Rafael (1996). *Sexo, erotismo y amor. Complejidad y libertad en la relación amorosa.* Madrid: Libertarias.

________ (2001). *Conyugal y extraconyugal. Nuevas geografías amorosas.* Madrid: Fundamentos.

________ (2008). *¿Me amas? Todos los consejos que necesitas sobre el amor.* México: Pax.

Mastretta, Ángeles (2006). *Mal de amores.* Barcelona: Seix Barral.

Nicholson, Virginia (2008). *Ellas solas. Un mundo sin hombres tras la gran guerra.* España: Turner. Colección Noema.

Onfray, Michel (2002). *Teoría del cuerpo enamorado. Por una erótica solar.* Valencia, España: Guada Impresores.

Papp, Peggy (2000). *Couples on the Fault Line. New Directions for Therapists.* EUA: Guilford Press.

Pasini, Willy (2005). *Los nuevos comportamientos amorosos. La pareja y las transgresiones sexuales.* Barcelona: Ares y Mares.

Paz, Octavio (1993). *La llama doble. Amor y erotismo.* Barcelona: Seix Barral.

Pease Gadoua, Susan (2008). *Contemplatig Divorce.* EUA: New Harbinger Publications.

Perel, Esther (2007). *Inteligencia erótica. Claves para mantener la pasión en la pareja.* México: Diana.

________ (2017). The State of Affairs. EUA: Harpers.

Romero Vargas, Alberto y Amalia Sigala Muñoz (2011). *Divorcio sano. Una despedida en paz.* España: Urano.

Sinay, Sergio (2004). *Las condiciones del buen amor.* Barcelona: Del Nuevo Extremo Editores.

Sternberg, Robert (1989). *El triángulo del amor.* Barcelona: Paidós.

________ (2001). *El amor es como una historia.* Barcelona: Paidós.

Taylor, Richard (1990). *Having Love Affairs.* EUA: Prometheus Books.

Vaughan, Diane (1990). *Uncoupling. Turning Points in Intimate Relationships.* EUA: Vintage Books.

Vicencio, Javier (2012). *Mapas del amor y la terapia de pareja.* México: Pax.

Viscott, David (1978). *El lenguaje de los sentimientos.* Argentina: Emecé Editores.

Wallerstein, Judith S. y Joan B. Kelly (2012). *Surviving the Breakup.* EUA: Basic Books.

Wallerstein, Judith S. y Sandra Blakeslee (1989). *Second Chances.* EUA: Houghton Mifflin Company.

Willi, Jürg (2004). *Psicología del amor. El crecimiento personal en la relación de pareja.* España: Herder.

Witt, Emily (2016). Sexo futuro. *El amor en el siglo XXI.* Barcelona: Sin Fronteras.

Zumaya, Mario (2006). *La infidelidad. Ese visitante frecuente.* México: Libros para todos.